El poder curativo
de los alimentos

El **poder curativo**
de los alimentos

Vicki Edgson e Ian Marber

Diplomados en Nutrición
por el Institute for Optimum Nutrition de Londres

MENS SANA

Dedico este libro a mi familia y a mis amigos,
siempre fieles, y a todas las personas
que me han ayudado a realizarlo.
(IAN MARBER)

Quiero dar las gracias a mis padres,
quienes me enseñaron a creer
que cualquier cosa es posible en la vida
si uno está dispuesto a emplearse a fondo en ello.
(VICKI EDGSON)

El poder curativo de los alimentos
Título original: *The Food Doctor*
Primera edición: febrero 2001

Copyright © Collins & Brown Limited 1999
Copyright del texto © Vicki Edgson e Ian Marber 1999
Copyright de las fotografías © Collins & Brown Limited1999
Todos los derechos reservados

Mens Sana es una marca registrada de Parramón Ediciones, S. A.

Copyright © para la edición española Parramón Ediciones, S. A.
Gran Via de les Corts Catalanes, 322-324
08004 Barcelona

Traducción: Martí Mas

ISBN: 84-342-3013-5

Nota del editor:
La información contenida en este libro no pretende sustituir el consejo de un médico.
Cualquier persona que padezca alguna afección que requiera atención médica, o que experimente síntomas
que le preocupen, debe acudir a un profesional cualificado.

sumario

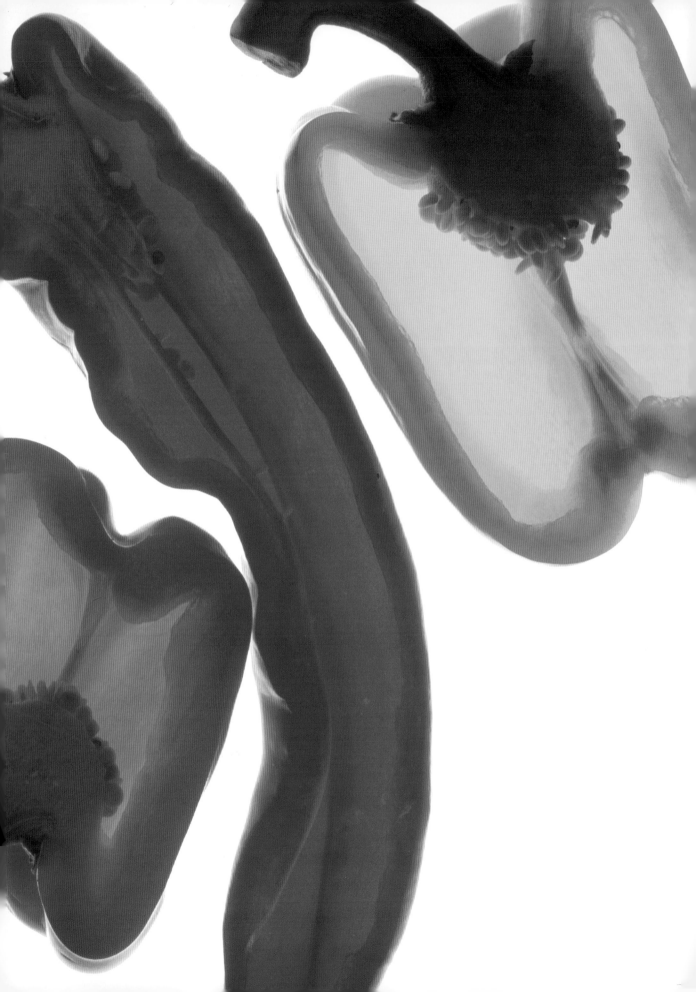

introducción

«Nuestra propia relación con los alimentos, la salud y la vitalidad ha cambiado enormemente desde que cursamos nuestros estudios como especialistas en nutrición. Ambos nos sentimos diez años más jóvenes, y a menudo nos comentan el buen aspecto que tenemos. El mayor cambio se ha producido en nuestro nivel de energía, que ahora es constante durante todo el día y mantiene al máximo nuestro entusiasmo y nuestra motivación. Además, de vez en cuando nos permitimos tomar una copa o dos de vino o un postre de chocolate... ¡una buena salud puede soportar estos caprichos ocasionales sin sufrir ninguna repercusión importante!

Si usted desea saber más sobre la salud y la nutrición, esta guía le proporciona los conocimientos básicos así como los últimos descubrimientos de forma práctica y concisa. La primera parte trata de los alimentos y sus efectos sobre el estado de ánimo y la mente; la segunda parte le explica cómo utilizar la nutrición para combatir varias afecciones específicas. Asimismo, se ofrecen consejos para controlar el peso e información sobre las alergias alimentarias y los métodos de cocción, además de una selección de recetas deliciosas y con un efecto energético. Estamos seguros de que nuestro libro le ayudará a comprender mejor el papel que juegan los alimentos en su salud y en su bienestar emocional.»

IAN MARBER   VICKI EDGSON

cuestionario sobre el estilo de vida

Como especialistas en nutrición, con frecuencia vemos que acuden a nosotros pacientes con las mismas dolencias, cuyas causas no siempre resultan evidentes. Para algunas de estas afecciones pueden probarse los fármacos disponibles; sin embargo, estos remedios no tratan las causas originarias del problema, y para ello es necesario estudiar el estilo de vida del paciente.

A continuación se listan los 20 problemas de salud que describen nuestros pacientes con mayor frecuencia. Si usted padece un problema similar, lea el correspondiente cuestionario. Si responde afirmativamente a la mayoría de las preguntas, vea cuáles pueden ser las causas originarias. Por ejemplo, si se siente cansado durante todo el día puede que sea debido a las presiones del trabajo o de los hijos, pero si experimenta al mismo tiempo una necesidad imperiosa de tomar azúcar y cafeína puede que exista también una alergia o una infección por levaduras. El denominador común de muchos síntomas es la buena salud y el funcionamiento eficaz de los intestinos, que, a su vez, están estrechamente relacionados con el hígado y el páncreas. Al estimular el buen funcionamiento del aparato digestivo se consigue una mejora en los síntomas en un plazo de tiempo relativamente breve. Vea más información sobre estos aspectos en los capítulos de este libro en los que se describen con más detalle. Tenga en cuenta que las que aquí se ofrecen son posibles causas, y que no pretenden sustituir el consejo de su médico.

1 FALTA DE ENERGÍA / FATIGA

Cuestionario
- ¿Se siente cansado todo el día?
- ¿Está irritable y susceptible?
- ¿No se siente regenerado después de dormir?
- ¿Se siente agotado a media tarde?
- ¿Se siente mal a menudo sin ninguna razón aparente?
- ¿Ingiere grandes cantidades de azúcar, té y café?

Posibles causas: permeabilidad de los intestinos y alergias alimentarias, alteración de la flora intestinal y proliferación excesiva de bacterias, metales tóxicos, presión sanguínea baja, baja actividad de la tiroides, dieta limitada, mala gestión del azúcar en sangre o carencias nutricionales.

2 DOLOR E INFLAMACIÓN

Cuestionario
- ¿Padece dolor artrítico en los dedos o en las articulaciones?
- ¿Se le hinchan las articulaciones?
- ¿Sufre frecuentes dolores en el cuello, los hombros o la espalda?
- ¿Consume mayoritariamente comida rápida?
- ¿Toma analgésicos sin receta, como el ibuprofeno, a diario?

Posibles causas: intolerancias alimentarias, alteración de la flora intestinal y proliferación excesiva de bacterias, carencias de ácidos grasos esenciales, enfermedad autoinmunológica, desequilibrios de la tiroides, lesiones físicas o mala eliminación de toxinas por el hígado.

3 INDIGESTIÓN

Cuestionario
- ¿Padece a menudo dolor de estómago después de comer?
- ¿Padece estreñimiento con frecuencia?
- ¿Sus heces contienen alimentos parcialmente sin digerir?
- ¿Eructa con violencia?
- ¿Acostumbra a mascar chicle?

Posibles causas: bajo nivel de ácidos en el estómago, falta de enzimas digestivas, infecciones bacterianas y parasitarias, intolerancias alimentarias, úlcera gástrica o duodenal y uso frecuente de antiácidos o mal funcionamiento del hígado.

4 GASES Y VIENTRE HINCHADO

Cuestionario
- ¿Nota su vientre hinchado justo después de comer?
- ¿Tiene frecuentes problemas de gases?
- ¿Sufre retortijones con frecuencia?
- ¿Toma alcohol regularmente?
- ¿Siente la imperiosa necesidad de consumir alimentos dulces, pan, pasta o vino?

Posibles causas: bajo nivel de ácidos en el estómago, falta de enzimas digestivas, infecciones bacterianas o parasitarias, intolerancias alimentarias, mala evacuación o dieta poco saludable.

5 DOLORES DE CABEZA Y MIGRAÑAS

Cuestionario
- ¿Toma regularmente analgésicos para el dolor de cabeza?
- ¿Consume mucho queso, chocolate o productos lácteos?
- ¿Este consumo aumenta durante la menstruación?
- ¿Tiene alguna alergia alimentaria?
- ¿Padece problemas digestivos?

Posibles causas: intolerancias alimentarias, permeabilidad de los intestinos, metales tóxicos, vasoconstricción atribuible al tabaco, alcohol, mala gestión del azúcar en sangre, mala postura corporal o lesiones o problemas de visión.

6 SÍNDROME PREMENSTRUAL

Cuestionario
- ¿Son irregulares sus períodos?
- ¿Toma mucho chocolate antes de un período?
- ¿Está irritable, intolerante o ansiosa antes de la menstruación?
- ¿Sufre un aumento de peso o una retención de líquidos cada mes?
- ¿Padece calambres premenstruales?

Posibles causas: carencia de magnesio y de vitamina B6, mala circulación, desequilibrios hormonales, desequilibrios de la hormona pituitaria o estrés.

7 ANSIEDAD Y NERVIOSISMO

Cuestionario
- ¿Siempre se imagina lo peor?
- ¿Lleva muchos empastes dentales?
- ¿Se crió en una zona industrial?
- ¿Toma azúcar y alimentos dulces en gran cantidad?
- ¿Consume bebidas refrescantes y cafeína a diario?

Posibles causas: metales tóxicos y agentes contaminantes, desequilibrios químicos en el cerebro, desequilibrios de aminoácidos, mal funcionamiento del hígado, intolerancias alimentarias, proliferación excesiva de levaduras o estrés.

8 DEPRESIÓN

Cuestionario
- ¿Come de forma irregular?
- ¿Utiliza la comida para aliviar las penas?
- ¿Fuma o toma alcohol en exceso?
- ¿Le falta motivación?
- ¿Tiene problemas para dormir?

Posibles causas: mala gestión del azúcar en sangre, metales tóxicos y agentes contaminantes, desequilibrios químicos en el cerebro, proliferación excesiva de levaduras y bacterias, alteración de la flora intestinal, intolerancias alimentarias, estrés, antecedentes familiares o abuso de drogas.

9 PRESIÓN SANGUÍNEA ELEVADA O ALTO NIVEL DE COLESTEROL; DOLOR EN EL PECHO

Cuestionario

- ¿Padece palpitaciones?
- ¿Se queda sin aliento tras subir las escaleras?
- ¿Siente hormigueos en las manos o en los pies?
- ¿Añade sal a las comidas al cocinarlas y al consumirlas?
- ¿Fuma usted?
- ¿Constituyen los alimentos fritos una parte importante de su dieta?
- ¿Tiene un sobrepeso de más de 10 kilos?

Posibles causas: falta de ejercicio, carencias nutricionales, dieta con un alto contenido en grasas saturadas y alimentos fritos, bajo funcionamiento de la tiroides, estrés adrenal, tabaquismo, consumo excesivo de alcohol, ingesta de sal elevada o cardiopatía.

10 DIABETES (TIPO 2 – inicio de la edad adulta)

Cuestionario

- ¿Consume muchos dulces entre horas?
- ¿Experimenta cambios de humor durante el día?
- ¿Se muestra con frecuencia irracional y con ganas de discutir?
- ¿Tiene siempre sed?
- ¿Orina con frecuencia?
- ¿Se siente permanentemente cansado?

Posibles causas: insuficiencia pancreática (disminución de la producción de insulina), dieta rica en carbohidratos, falta de enzimas digestivas, obesidad, falta de ejercicio, mal funcionamiento del hígado, estrés adrenal o carencias de cromo y vitamina B3.

11 INFERTILIDAD (masculina y femenina)

Cuestionario

- ¿Lleva más de un año intentando concebir?
- ¿Consume alcohol habitualmente?
- ¿Sufre mucho estrés?
- ¿Consume muchas comidas rápidas o precocinadas?
- ¿Vive en una zona con mucha contaminación?

Posibles causas: desequilibrios hormonales, infecciones bacterianas o parasitarias, metales tóxicos y agentes contaminantes, carencias nutricionales específicas, (ácidos grasos esenciales, magnesio, zinc, algunos aminoácidos), intolerancias alimentarias u obstrucciones físicas.

12 ALERGIAS

Cuestionario

- ¿Padece fiebre del heno o congestión nasal (rinitis)?
- ¿Sufre frecuentes dolores de cabeza?
- ¿Sufre palpitaciones después de comer?
- ¿Padece irritaciones cutáneas?
- ¿Siente una imperiosa necesidad de tomar determinados alimentos?
- ¿Se deprime con frecuencia?

Posibles causas: alteración de la flora intestinal y permeabilidad intestinal, vacunas, contaminación ambiental, mal funcionamiento del hígado, desequilibrio de ácidos grasos esenciales, estrés adrenal, bajo nivel de ácidos en el estómago o falta de enzimas digestivas.

13 PROBLEMAS DE LA PIEL

Cuestionario

- ¿Ha viajado mucho últimamente?
- ¿Se le irrita la piel por el calor o la luz solar directa?
- ¿Padece mucho estrés?
- ¿Toma alcohol habitualmente?
- ¿Consume muchos productos lácteos o comidas preparadas?
- ¿Existe algún alimento que consuma a diario?

Posibles causas: intolerancias alimentarias (en concreto a los productos lácteos, al trigo y a los cítricos), desequilibrios hormonales, infecciones parasitarias, carencias de ácidos grasos esenciales, carencia de vitamina C o dieta basada en comidas rápidas.

14 ECZEMA Y ASMA

Cuestionario

- ¿Su dieta contiene gran cantidad de alimentos fritos y carnes rojas?
- ¿Consume productos lácteos a diario?
- ¿Toma alcohol de forma habitual?
- ¿Toma alguna medicación con o sin receta?

Posibles causas: intolerancias alimentarias (en concreto a los productos lácteos, al trigo y a los cítricos), desequilibrio de los ácidos grasos esenciales, alergia a los cosméticos y a los agentes limpiadores o dieta rica en grasas saturadas.

15 HIPERACTIVIDAD

Cuestionario
- ¿Consume muchos alimentos dulces?
- ¿Consume una gran cantidad de comidas preparadas o precocinadas?
- ¿Toma bebidas carbonatadas con colorantes?
- ¿Sigue alguna medicación para la hiperactividad?
- ¿Toma aspirinas regularmente?

Posibles causas: alergias e intolerancias alimentarias, sensibilidad a los aditivos alimentarios, sensibilidad a los salicilatos (compuestos semejantes a la aspirina contenidos en algunos alimentos), carencia de ácidos grasos esenciales, agentes contaminantes y metales tóxicos o vacunas.

16 DIARREA / ESTREÑIMIENTO

Cuestionario
- ¿Padece brotes alternos de diarrea y de estreñimiento?
- ¿Su dieta carece de fruta y hortalizas?
- ¿Casi nunca hace ejercicio?
- ¿Toma analgésicos sin receta?
- ¿Toma algún laxante?

Posibles causas: inflamación y permeabilidad intestinal, dieta pobre en fibra, falta de ejercicio, infecciones bacterianas o parasitarias, mala postura, tabaquismo, consumo elevado de alcohol o mal funcionamiento del hígado.

17 RESFRIADOS, GRIPE E INFECCIONES FRECUENTES

Cuestionario
- ¿Ha perdido recientemente a algún ser querido?
- ¿Se está recuperando de una operación?
- ¿Está estresado habitualmente?
- ¿Consume muchos productos lácteos?
- ¿Es alérgico a algún alimento o a algún agente ambiental?

Posibles causas: función inmunológica reducida, estrés adrenal, intolerancias alimentarias y permeabilidad intestinal, infecciones bacterianas o falta de vitaminas A, C, E, zinc y selenio.

18 INFECCIONES POR LEVADURA Y CISTITIS

Cuestionario
- ¿Padece problemas digestivos?
- ¿Consume con frecuencia productos animales?
- ¿Tiene una dieta rica en azúcar?
- ¿Padece úlceras bucales?
- ¿Orina con frecuencia?

Posibles causas: alteración de la flora y permeabilidad intestinal, infecciones bacterianas o dieta rica en ácidos.

19 TRASTORNOS ALIMENTARIOS Y OBESIDAD

Cuestionario
- ¿Le da miedo la comida?
- ¿Piensa en comer a todas horas?
- ¿Siente una imperiosa necesidad de tomar determinados alimentos?
- ¿Tiene por costumbre pesarse a diario?
- ¿Tiene un sobrepeso de más de 20 kilos?
- ¿Le disgusta hablar de sus hábitos alimentarios?

Posibles causas: desequilibrio de la función de la tiroides, carencias de aminoácidos, falta de zinc y vitamina B6, carencias de cromo y vitamina B3, exceso o falta de ejercicio, insuficiencia pancreática o mala gestión del azúcar en sangre.

20 PÉRDIDA DE LA MEMORIA O DE LA CONCENTRACIÓN

Cuestionario
- ¿Come de forma irregular?
- ¿Lleva muchos empastes de amalgama en los dientes?
- ¿Consume habitualmente bebidas con cafeína?
- ¿Siente a veces una imperiosa necesidad de comer?
- ¿Padece algún malestar de tipo digestivo?

Posibles causas: metales tóxicos y agentes contaminantes, infecciones bacterianas y parasitarias, mala gestión del azúcar en sangre o carencias nutricionales múltiples.

los 100 mejores
alimentos para la salud

Sea cuál sea su estilo de vida, no le será difícil introducir algunos sencillos cambios en su dieta que mejorarán rápidamente su salud. Olvide su inclinación hacia las comidas precocinadas y «de fácil preparación»; no son tan «fáciles» para su cuerpo, ya que carecen de nutrientes y con frecuencia contienen en abundancia ingredientes potencialmente peligrosos como grasa, azúcar y sal. Nuestra sabrosa selección constituye una rica despensa de alimentos fantásticos, llenos a rebosar de sustancias beneficiosas: vea todo lo que pueden aportar a su cuerpo. No se encuentran en ningún orden especial, de modo que siga leyendo y verá cómo muy pronto podrá disponer en su plato de un auténtico ejército de defensores muy bien preparados.

Alimento	Nutrientes	Beneficios
Brécol 1	Calcio, magnesio, fósforo, vitaminas B3 y B5, beta-caroteno, rico en vitamina C y ácido fólico.	Anticancerígeno, antioxidante, limpiador intestinal, excelente fuente de fibra, antibiótico, antivírico (por su contenido en azufre), estimula el hígado. Un alimento perfecto.
Fresas 2	Vitaminas A, C y K, beta-caroteno, ácido fólico y potasio.	Anticancerígenas, antivíricas y bactericidas.
Mijo 3	Magnesio, potasio, fósforo y vitamina B3.	Cereal sin gluten, de fácil digestión. Muy alcalino. Rico en fibra. Alimento poco alergénico.
Salmón 4	Calcio, selenio, vitaminas D y E y ácidos grasos esenciales omega-3.	Rica fuente de grasas de pescado beneficiosas: bueno para el buen funcionamiento hormonal, la piel, el sistema inmunológico, los huesos y los dientes.

Alimento	Nutrientes	Beneficios
Manzana 5	Calcio, magnesio, fósforo, vitamina C, beta-caroteno y pectina.	Astringente, tónica. Alivia el estreñimiento, reactiva las bacterias intestinales beneficiosas, reduce el colesterol total. Ayuda a eliminar toxinas.
Col 6	Calcio, magnesio, potasio, fósforo, beta-caroteno, ácido fólico, yodo y vitaminas C, E y K.	Tomada cruda, detoxifica el estómago y el colon superior y mejora la digestión. Estimula el sistema inmunológico, mata las bacterias y los virus. Anticancerígena y antioxidante. Un alimento perfecto.
Melón 7	Calcio, magnesio, potasio, fósforo, vitamina C y beta-caroteno.	Excelente depurativo y rehidratante. Alto contenido en agua. Debe tomarse solo para obtener el máximo beneficio.
Piñones 8	Magnesio, potasio, zinc y vitamina B.	Ricos en proteínas y grasas esenciales. Buenos sustitutos de la carne para los vegetarianos.
Patatas 9	Potasio, ácido fólico y vitaminas B3 y C.	El jugo de patata tiene un gran poder depurativo, es bueno para el hígado y los músculos y aporta energía.
Naranja 10	Calcio, potasio, beta-caroteno, ácido fólico y vitamina C.	Estimulante, tonificante y depurativa. Antiséptica interna. Estimula la peristalsis.
Judías rojas 11	Calcio, magnesio, fósforo, potasio, ácido fólico y proteínas.	Ricas en fibra, limpian el tracto digestivo. Aumentan el número de bacterias beneficiosas y eliminan el exceso de colesterol.
Kiwi 12	Magnesio, fósforo, potasio y vitamina C.	Elimina el exceso de sodio del cuerpo. Una excelente fuente de enzimas digestivas.

Alimento	Nutrientes	Beneficios
Garbanzos 13	Calcio, magnesio, fósforo, potasio, zinc, manganeso y beta-caroteno. Ricos en ácido fólico. Una excelente fuente de proteína vegetal.	Beneficiosos para el buen funcionamiento de los riñones. Limpiadores digestivos.
Arroz (integral) 14	Calcio, hierro, fósforo, potasio, zinc, manganeso, ácido fólico y vitaminas B3, B5 y B6.	Calma el sistema nervioso y alivia la depresión. Un alimento energético. El agua de arroz es beneficiosa para los cólicos infantiles y alivia la diarrea.
Espinacas 15	Beta-caroteno, ácido fólico, potasio, hierro, vitaminas B6 y C, calcio y magnesio.	Anticancerígenas. Regulan la presión sanguínea. Estimulan el sistema inmunológico. Potencian la buena salud de los huesos. Un alimento perfecto.
Aguacate 16	Hierro, cobre, fósforo, potasio, beta-caroteno, ácido fólico y vitaminas B3, B5 y K. Rico en vitamina E.	Su contenido ácido/alcalino está equilibrado. Es fácil de digerir, es beneficioso para la sangre y previene la anemia. Un alimento perfecto.
Remolacha 17	Calcio, magnesio, hierro, fósforo, potasio, manganeso, ácido fólico y vitamina C.	Excelente limpiador intestinal. Elimina las piedras de los riñones. Renueva la sangre. Desintoxica el hígado y la vesícula biliar.
Avena 18	Calcio, magnesio, hierro, fósforo, manganeso, vitamina B5, ácido fólico y silicio.	Su alto contenido en fibra proporciona un suave efecto laxante. Estimula la función digestiva. Propiedades antioxidantes. Excelente para los huesos y el tejido conjuntivo.
Calabaza pastelera 19	Calcio, magnesio, fósforo, potasio, beta-caroteno y vitamina C.	Altamente alcalina, alivia la acidosis del hígado y de la sangre. Las semillas ingeridas sirven para expulsar las lombrices y la tenia.
Tomate 20	Calcio, magnesio, fósforo, beta-caroteno, ácido fólico y vitamina C.	Contiene un 90 por ciento de agua. Antiséptico, alcalino. Los tomates crudos reducen la inflamación del hígado. Consumido en grandes cantidades puede interferir con la absorción del calcio.

Alimento	Nutrientes	Beneficios
Tofu 21	Hierro, aminoácidos, potasio, calcio, magnesio, vitaminas A y K.	Perfecta fuente de proteínas para los vegetarianos. Equilibra las hormonas, es anticancerígeno y reduce el nive de colesterol.
Espárragos 22	Fósforo, potasio, ácido fólico, beta-caroteno, vitaminas C y K.	Contienen asparagina, que estimula los riñones. Tienen un suave efecto laxante y son bactericidas. Atención: contienen purina, por lo que no debe tomarlos si padece usted gota.
Ortigas 23	Potasio, vitamina C y beta-caroteno.	Diuréticas, depurativas y antiInflamatorias. El agua de ortigas es buena para la gota y la artritis.
Frambuesas 24	Calcio, magnesio, fósforo, potasio, vitaminas B3 y C.	Ayudan a expulsar la mucosidad, la flema y las toxinas. Excelentes para la buena salud reproductiva de la mujer. Las frambuesas alivian los calambres menstruales. El agua de hojas de frambuesa reduce las náuseas durante el embarazo.
Pollo 25	Vitaminas A, B3, B6 y K, sodio, potasio y magnesio.	Ayuda a eliminar la mucosidad durante el resfriado. Ligero efecto antibiótico.
Arenque 26	Ácidos grasos esenciales omega-3 y omega-6, calcio y fósforo.	Excelente depurativo de la sangre, beneficioso para la salud cardiovascular.
Jengibre 27	Calcio, magnesio, fósforo y potasio.	Antiespasmódico, previene las náuseas y mejora la circulación. Bueno para los calambres menstruales. Excelente durante una convalecencia. Un alimento perfecto.
Plátanos 28	Potasio, triptófano, beta-caroteno y vitaminas C, K y B6.	Ayudan a dormir. Suave efecto laxante. Fungicidas. Antibióticos naturales. Contienen pectina, que ayuda a tratar las úlceras, reduce el nivel de colesterol y elimina los metales tóxicos del cuerpo.

Alimento	Nutrientes	Beneficios
Centeno 29	Calcio, hierro, magnesio, fósforo, potasio, zinc, manganeso y vitamina E.	Un alimento energético. Limpia y renueva las arterias, es beneficioso para el hígado y regenera el aparato digestivo.
Granos de soja 30	Calcio, hierro, fósforo, beta-caroteno, aminoácidos, vitaminas B3 y C, ácidos grasos esenciales omega-3 y proteínas.	Contienen todos los aminoácidos esenciales, por lo que son un alimento vegetariano perfecto. La soja es un potente fitoestrógeno y puede ayudar a prevenir el cáncer de mama y de ovarios. Es una fuente muy importante de lecitina, que controla el colesterol. Es un alimento perfecto.
Nueces 31	Calcio, hierro, magnesio, fósforo, zinc, potasio, ácido fólico, vitaminas C y E.	Fortalecen los riñones y los pulmones, lubrican el aparato digestivo y mejoran el metabolismo.
Albaricoques 32	Cobre, calcio, magnesio, potasio, ácido fólico, vitamina C, beta-caroteno, boro y hierro.	Laxantes, potente efecto antioxidante y endulzantes naturales.
Berro 33	Calcio, magnesio, fósforo, potasio, vitamina C y beta-caroteno.	Diurético, rompe las piedras de los riñones y de la vesícula biliar. Uno de los mejores alimentos que existen para depurar la sangre y eliminar la flema. Alto contenido en yodo. Estimula la tiroides.
Semillas de _psyllium_ 34	Calcio, magnesio, fósforo, potasio y zinc.	Laxantes, limpiadoras intestinales. Alivian la autotoxemia causada por el estreñimiento y las infecciones por bacterias u hongos.
Ostras 35	Muy ricas en zinc. Vitaminas A, B12 y C y hierro.	Beneficiosas para las funciones cardiovascular, inmunológica y sexual.
Quinoa 36	Calcio, hierro, magnesio, fósforo, potasio y vitamina B3.	Fácil de digerir. Sin gluten. Por su contenido en lisina es un potente agente antivírico. Contiene más calcio que la leche. Estimula la secreción de leche durante la maternidad. Perfecta fuente de proteína vegetal.

Alimento	Nutrientes	Beneficios
Algas 37	Calcio, hierro, potasio. Algunas algas son el varec, el carragaen o musgo de Irlanda y el hinojo de mar.	Son la mayor fuente de estos minerales, y resultan excelentes para los sistemas nervioso y cardiovascular. Limpian el cuerpo de toxinas y ayudan a digerir. Un alimento perfecto para vegetarianos.
Nabo 38	Calcio, magnesio, fósforo, potasio, ácido fólico y vitamina C.	Tomado crudo, el nabo ayuda a digerir y limpia los dientes. Es alcalino, por lo que ayuda a purificar el cuerpo. Puede producir gases si no se digiere bien. Ayuda a eliminar las toxinas de la sangre.
Piña 39	Calcio, magnesio, potasio, fósforo, beta-caroteno y vitamina C.	Contiene bromelina, una potente enzima digestiva que elimina las bacterias y los parásitos: es muy similar a los jugos gástricos. Puede perjudicar el esmalte dental.
Cebada 40	Potasio, magnesio, fósforo, calcio, zinc, manganeso, vitaminas del complejo B y ácido fólico.	Beneficiosa para el tracto digestivo y el hígado, cura las úlceras gástricas y reduce el colesterol.
Alcachofa 41	Calcio, magnesio, fósforo, potasio, sodio, ácido fólico, beta-caroteno y vitaminas B3, C y K.	Diurética y digestiva. Contiene inulina, que estimula las bacterias de los intestinos. Fortalece y limpia el hígado, promueve la secreción de bilis y reduce el colesterol.
Coco 42	Magnesio, potasio, fósforo, zinc, ácido fólico y vitamina C.	Regula la función de la tiroides.
Caza (perdiz, codorniz, faisán y pato) 43	Selenio, todas las vitaminas del complejo B, hierro y zinc.	Es un alimento energético: ayuda al cuerpo a reparar los daños sufridos y ayuda al buen funcionamiento del sistema inmunológico.
Caballa 44	Calcio, selenio, vitamina E y ácidos grasos esenciales omega-3.	Mantiene la salud cardiovascular y equilibra las hormonas. Fortalece el sistema inmunológico.

Alimento	Nutrientes	Beneficios
Papaya 45	Calcio, magnesio, potasio, vitamina C y beta-caroteno.	Excelente para ayudar a digerir. Es antiparásita y anticancerígena. Alivia la inflamación intestinal y el exceso de gases y tiene un efecto depurativo general.
Atún 46	Selenio, ácidos grasos esenciales omega-3 y vitaminas B12 y B3.	Bueno para la piel y para los sistemas hormonal y cardiovascular.
Almendras 47	Calcio, magnesio, fósforo, potasio, zinc, ácido fólico y vitaminas B2, B3 y E.	Muy alcalinas, buena fuente de proteínas. Son un buen reconstituyente para las personas que tengan que ganar peso.
Coles de Bruselas 48	Calcio, magnesio, hierro, fósforo, potasio, beta-caroteno, vitaminas B3, B6, C y E y ácido fólico.	Antioxidantes, anticancerígenas, bactericidas y antivíricas. Ayudan a la función pancreática. Contienen indoles, que previenen el cáncer de mama y de colon.
Coliflor 49	Calcio, magnesio, ácido fólico, potasio, boro, beta-caroteno y vitamina C.	Ayuda a purificar la sangre. Buena para las encías que sangran, los trastornos de los riñones y de la vesícula biliar, la presión alta y el estreñimiento. Es anticancerígena y antioxidante.
Espirulina 50	Fósforo, potasio, sodio, vitamina B3, ácido gamma-linoléico y beta-caroteno. La espirulina es un alga muy nutritiva que se vende en polvo. Puede añadirse en sopas y zumos vegetales.	Fácil de digerir, es una proteína perfecta. Ayuda a la regeneración celular, combate el envejecimiento y protege los riñones de los productos residuales de los medicamentos. Combate los tumores. Fungicida y bactericida.
Boniato 51	Calcio, magnesio, potasio, ácido fólico, vitaminas C y E, fósforo y beta-caroteno.	Fácil de digerir y altamente nutritivo. Excelente contra la inflamación del tracto digestivo, las úlceras y la mala circulación. Es desintoxicante: se une a los metales pesados y los elimina del organismo.
Rábano 52	Calcio, magnesio, potasio, fósforo, beta-caroteno, ácido fólico y vitamina C.	Expectorante, disuelve el exceso de moco o de flema. Limpia los senos y cura el dolor de garganta. Ayuda a segregar los jugos gástricos, especialmente cuando se combina con féculas.

Alimento	Nutrientes	Beneficios
Pera 53	Calcio, magnesio, fósforo, potasio, beta-caroteno, ácido fólico. Rico en yodo.	Diurética. Tiene un alto contenido en yodo y es beneficiosa para la función de la tiroides. Contiene pectina, que ayuda a la peristalsis y a la eliminación de toxinas.
Zanahoria 54	Calcio, magnesio, potasio, fósforo y beta-caroteno.	Espléndido depurador, es un alimento excelente para la salud del hígado y del tracto digestivo. La zanahoria ayuda a la función del hígado y mata las bacterias y los virus.
Maíz 55	Hierro, magnesio, potasio, zinc y vitamina B3.	Alimento excelente para el cerebro y el sistema nervioso. Bueno contra el eczema. Es un alimento anticancerígeno. Una rica fuente de grasas esenciales.
Alfalfa 56	Calcio, magnesio, potasio, manganeso y sodio.	Estimulante, reduce la inflamación, desintoxica y estimula la actividad sexual. Es un alimento perfecto, pero está contraindicado si se padece lupus u otras enfermedades autoinmunológicas.
Ciruelas 57	Calcio, fósforo, potasio, beta-caroteno y hierro.	Son laxantes y contienen ácido oxálico. Son beneficiosas para la sangre, el cerebro y los nervios. Ayudan a reducir el colesterol.
Ajonjolí 58	Calcio, hierro, magnesio, zinc, vitamina E, ácido fólico, fósforo, potasio, cobre, selenio, ácidos grasos esenciales omega-3 y omega-6.	Fortalece el corazón y el sistema cardiovascular y beneficia el sistema nervioso. Contiene lignanos, que son antioxidantes. Inhibe la absorción del colesterol de los alimentos.
Arándanos 59	Vitamina C y beta-caroteno.	Son laxantes, depuran la sangre, mejoran la circulación y la visión y son antioxidantes.
Apio-nabo 60	Calcio, magnesio, potasio y vitamina C.	Diurético, bueno para los cálculos y la artritis. Beneficioso para los sistemas nervioso y linfático.

Alimento	Nutrientes	Beneficios
Huevos 61	Calcio, hierro, manganeso, zinc y vitaminas del complejo B. Proteína de primera calidad.	Indicados para los problemas de huesos y articulaciones y para estimular el sistema inmunológico. Son un alimento energético.
Higos 62	Calcio, fósforo, potasio, beta-caroteno y vitamina C.	Laxantes y regeneradores. Aumentan la vitalidad. Mueven los intestinos perezosos y eliminan las toxinas. Una de las principales fuentes vegetales de calcio.
Palmito 63	Beta-caroteno y vitamina E.	Bactericida, excelente para la salud hormonal y de la piel. Debe tomarse crudo (se vende envasado), sin cocer, ya que durante su cocción libera toxinas.
Perejil 64	Vitamina C, hierro, calcio y sodio.	Depurativo y tónico. Refresca el aliento. Alcalino. Depura la sangre y reduce los coagulantes de las venas. Elimina las piedras de los riñones.
Cebolla 65	Calcio, magnesio, fósforo, potasio, beta-caroteno, ácido fólico y quercetina.	Antiséptica, antiespasmódica, antibiótica. Reduce los espasmos en el asma. Alta capacidad desintoxicante. Elimina los metales pesados y los parásitos.
Pipas de girasol 66	Vitaminas A, B, D, E y K, calcio, hierro, potasio, fósforo, zinc, manganeso, magnesio y ácidos grasos esenciales omega-3 y omega-6.	Una fuente de nutrientes más beneficiosa que la mayoría de las carnes, los huevos y el queso. Contienen pectina, que elimina las toxinas y los metales pesados. Fortalecen la visión y reducen la sensibilidad a la luz. Un alimento perfecto.
Alforfón 67	Fósforo, beta-caroteno, vitamina C, calcio, magnesio, potasio, zinc, manganeso, ácido fólico y aminoácidos esenciales. Una excelente proteína vegetal.	Fortalece los capilares y desintoxica. Contiene los ocho aminoácidos esenciales, por lo que constituye una perfecta fuente de proteínas para los vegetarianos. No deben consumirlo las personas con cáncer o las que padezcan alergias cutáneas.
Berenjena 68	Calcio, fósforo, beta-caroteno y ácido fólico.	Limpia la sangre, previene las apoplejías y las hemorragias y protege las arterias lesionadas por el colesterol.

Alimento	Nutrientes	Beneficios
Hinojo 69	Calcio, magnesio, fósforo, sodio, ácido fólico, vitamina C y potasio. Rico en fitoestrógenos.	Es antiespasmódico y alivia los retortijones y el dolor de estómago. Es beneficioso durante la menopausia. Ayuda a digerir bien las grasas, por lo que es útil contra la obesidad y para controlar el peso.
Mango 70	Rico en beta-caroteno y vitamina C.	Es beneficioso para los riñones, combate la hiperacidez y las malas digestiones. Buen depurativo de la sangre.
Lentejas 71	Calcio, magnesio y fósforo. Rica fuente de potasio, zinc y ácido fólico.	Buena fuente de minerales para casi todos los órganos del cuerpo. Neutralizan los ácidos que producen los músculos.
Champiñones 72	Calcio, hierro, magnesio, vitaminas B3 y B5, ácido fólico y zinc.	Fluidifican la sangre y reducen el colesterol. Ayudan a la función inmunológica. Las setas del tipo *shiitake* contienen un potente elemento anticancerígeno.
Guisantes (secos) 73	Calcio, magnesio, fósforo, vitaminas del complejo B, ácido fólico, potasio, zinc y hierro.	Buena fuente de proteína vegetal. Tonifican el estómago y ayudan a que el hígado funcione bien.
Aceitunas 74	Calcio, hierro y beta-caroteno.	Fáciles de digerir. Beneficiosas para el hígado y la vesícula biliar, aumentando la secreción de bilis. Estimulan la peristalsis.
Pimiento 75	Potasio, beta-caroteno, ácido fólico y vitaminas B y C.	Bactericida y estimulante. Normaliza la presión sanguínea, mejora el sistema circulatorio, estimula la secreción de saliva y de jugos gástricos y promueve la peristalsis.
Ñame 76	Calcio, magnesio, fósforo, vitamina C, potasio y ácido fólico.	Antiartrítico, antiespasmódico, diurético y tonificante. Se une a los metales pesados para ayudar a eliminarlos. Excelente contra los síntomas del síndrome del intestino irritable, del síndrome premenstrual y de la menopausia. Regula los estrógenos.

Alimento	Nutrientes	Beneficios
Yogur 77	Calcio y vitamina D.	Regenera las bacterias beneficiosas del tracto intestinal. Suaviza y refresca. Consuma sólo yogur biológico que contenga bacterias del tipo *acidophillus*.
Ajo 78	Calcio, fósforo, potasio y vitamina C.	Bactericida, antiséptico, antivírico y descongestivo. Reduce el colesterol. Es el antibiótico de la naturaleza. Un alimento perfecto.
Anacardos 79	Calcio, magnesio, hierro, zinc y ácido fólico.	Mejoran la vitalidad y son beneficiosos para los dientes y las encías.
Cerezas 80	Calcio, fósforo y vitamina C.	Antiespasmódicas, alivian los dolores de cabeza. Su zumo combate la gota. Son un antiséptico natural.
Dátiles 81	Calcio, hierro, beta-caroteno y vitamina B3.	Excelentes contra la diarrea y la disentería. Ayudan a combatir los problemas del sistema respiratorio.
Puerros 82	Potasio, vitaminas K y A, calcio y ácido fólico.	Depurativos y diuréticos. Eliminan el ácido úrico cuando se padece gota.
Regaliz 83	Magnesio, hierro, calcio, fósforo, manganeso y vitaminas B3 y C.	Beneficioso para la función adrenal. Diurético y laxante. Limpia la boca y los dientes. Puede contrarrestar algunos virus como el herpes y el VIH. Facilita la digestión y es beneficioso para el hígado.
Chirivía 84	Potasio, fósforo, ácido fólico, calcio y magnesio.	Es diurética y beneficiosa para los riñones y el bazo. Desintoxica y purifica el cuerpo. Mejora el funcionamiento de los intestinos.

Alimento	Nutrientes	Beneficios
Arroz de grano largo 85	Yodo, selenio, vitamina E, triptófano (un aminoácido) y potasio.	Excelente fuente de proteína para los vegetarianos.
Moras 86	Calcio, magnesio, potasio, fósforo, beta-caroteno y vitamina C.	Son tónicas y purifican la sangre. Alivian la diarrea.
Apio 87	Beta-caroteno, ácido fólico, vitamina B3 y sodio.	Contiene cumarinas, que tienen propiedades anticancerígenas. Reduce la presión sanguínea y ayuda a aliviar las migrañas. Facilita la digestión. Evita la fermentación. Es bueno para las articulaciones artríticas y evita las acumulaciones de calcio.
Toronja 88	Calcio, magnesio, potasio y vitamina C.	Contiene ácido salicílico, que ayuda a tratar la artritis. Es excelente para el sistema cardiovascular. Depura la sangre. Indicado contra las alergias y las infecciones de boca y garganta.
Linaza 89	Ácidos grasos esenciales omega-3 y omega-6, potasio, magnesio, calcio, fósforo, hierro y vitaminas B3 y E.	Alivia el estreñimiento y la hinchazón del vientre. Ayuda a eliminar los residuos tóxicos de los intestinos. Indicada para el asma. Fortalece la sangre. Antiinflamatoria, anticancerígena. Un alimento perfecto.
Limón/ lima 90	Potasio y vitamina C.	Astringente, potente antiséptico, excelente contra los resfriados, la tos y el dolor de garganta. Disuelve los cálculos biliares. Tiene propiedades anticancerígenas.
Trigo 91	Calcio, hierro, magnesio, fósforo, potasio, zinc, manganeso, vitaminas B3, B5 y B6 y ácido fólico.	El trigo integral biológico (sin un proceso químico de refinado, con el salvado y el germen intactos) estimula el hígado y elimina las toxinas.
Pepino 92	Potasio y beta-caroteno.	Diurético y laxante. Disuelve el ácido úrico que produce las piedras en los riñones y en la vesícula biliar. Facilita la digestión. Regula la presión sanguínea.

Alimento	Nutrientes	Beneficios
Lechuga 93	Beta-caroteno, magnesio, potasio y ácido fólico.	Antiespasmódica. Contiene silicio, que fortalece los huesos, las articulaciones, las arterias y el tejido conjuntivo.
Frijoles chinos (*mung*) 94	Calcio, magnesio, hierro, fósforo, potasio, zinc, vitaminas B3 y B5 y ácido fólico.	Grandes limpiadores del corazón y de la sangre, con un excelente efecto desintoxicante.
Melocotón 95	Calcio, magnesio, fósforo, vitamina C, potasio, beta-caroteno y ácido fólico.	Diurético, laxante, fácil de digerir y alcalino. Limpia los riñones y la vesícula biliar.
Melaza 96	Calcio, magnesio, fósforo, potasio, manganeso y vitaminas del complejo B.	Contiene más calcio que la leche. Debe tomarse con moderación.
Okra 97	Calcio, magnesio, fósforo, ácido fólico, vitamina B3, potasio y beta-caroteno.	Suaviza el tracto intestinal. Indicada para combatir el síndrome del intestino irritable, la hinchazón del vientre y los gases.
Pipas de calabaza 98	Calcio, hierro, magnesio, zinc, vitaminas del complejo B, fósforo, potasio y ácidos grasos esenciales omega-3.	Excelentes para la próstata. Eliminan los parásitos intestinales. El aceite de pipas de calabaza es rico en ácidos grasos esenciales omega-3 (no deben calentarse las pipas: se destruye su contenido).
Arándanos agrios 99	Potasio, beta-caroteno, vitamina C.	Excelentes para el sistema respiratorio. Eliminan las bacterias y los virus de los riñones, la vesícula biliar y el conducto urinario.
Granos de pimienta 100	Calcio, magnesio, potasio, manganeso y fósforo.	Estimulantes digestivos, antioxidantes y bactericidas.

controlar el peso

Para muchas personas, la decisión de alterar sus hábitos alimentarios viene motivada por un deseo de perder peso. Si usted también comparte este objetivo, sólo podemos decirle lo que siempre aconsejamos a nuestros pacientes: para perder peso hay que seguir una dieta sana. Si se propone la meta de obtener una buena salud, le será más fácil conocer mejor los alimentos y comprender los factores que afectan al peso corporal.

La industria dietética se nutre directamente de la presión que ejercen las industrias de la cosmética y la belleza, que nos dicen que debemos tener un buen aspecto para sentirnos bien. Se gastan auténticas fortunas para anunciar preparados adelgazantes y bebidas dietéticas. Si bien pueden ayudar a algunas personas, nosotros creemos que, al final, los regímenes dietéticos no funcionan. Ambos hemos visto casos de pacientes que, aunque se encuentran realmente mal, nunca siguen el nuevo régimen diseñado para que se recuperen, si éste implica consumir alimentos que ellos consideran que «engordan». Estas personas prefieren seguir sintiéndose mal antes que arriesgarse a ganar peso.

Por qué no funcionan los regímenes

Prácticamente cada semana se presenta y se promociona algún nuevo régimen adelgazante. Aunque algunos de ellos pueden producir una pérdida de peso durante los primeros días, ésta se debe a una pérdida de líquidos, no de grasa. La decepción es inevitable. Hemos visto muchos pacientes que han seguido regímenes poco saludables (basados en las calorías y no en la nutrición), que producen auténticos problemas de salud. Por ejemplo, un régimen rico en proteínas prolongado puede producir un deterioro de los huesos y problemas en los riñones, mientras que un régimen bajo en grasas puede ser perjudicial para el equilibrio hormonal y el funcionamiento del cerebro, afectando al estado de ánimo y a la imagen que se tiene de uno mismo.

¿Perder dos kilos en cinco días?

La clave para conseguir un control seguro y eficaz del peso es comprender qué se pierde en realidad y qué no se pierde. Cuando estamos a régimen, consumimos menos comida (menos calorías), obligando al cuerpo a recurrir a sus reservas para conseguir glucógeno, que se convierte en energía. Este glucógeno, almacenado en el hígado y en la masa magra de los músculos, está contenido en una base acuosa. La pérdida de peso que experimentamos en las primeras etapas de un régimen es simplemente una pérdida de líquidos. Ésta es la base de las promesas sin fundamento de los regímenes que afirman que con ellos es posible perder dos kilos en cinco días. Sí, usted pierde peso en forma de pérdida de líquidos, pero no existe una auténtica reducción de grasa corporal, de modo que el efecto es temporal.

Si este régimen se mantiene durante un período prolongado, el cuerpo percibe esta ingesta relativamente menor de alimentos como una potencial amenaza de inanición, de modo que utiliza todos los alimentos y bebidas que se ingieren como combustible y para sustituir el glucógeno que se gasta. Éste es el origen del «estancamiento» que experimentan muchas personas que siguen un régimen y descubren que, aunque apenas comen, siguen sin perder peso.

El efecto yo-yo: trastorno de la tiroides

Las personas que pasan años probando un régimen tras otro sufren el llamado efecto yo-yo. Están atrapadas en un eterno círculo vicioso que consiste en perder peso, ganar peso, volverlo a perder e, inevitablemente, ganar aún más. La frustración que ello les provoca es enorme, y con frecuencia les produce problemas de depresión, falta de autoestima e incluso trastornos hormonales.

La rapidez con la que quemamos los alimentos que consumimos para convertirlos en energía (nuestro ritmo metabólico) se rige por la glándula tiroides, situada en la base de la garganta. Esta glándula es esencial para la producción de energía y es ella la que dicta cómo nos sentimos a diario. El efecto yo-yo confunde el delicado equilibrio de las hormonas que van y vienen de la tiroides, de modo que se produce un ritmo metabólico más lento. El resultado de este metabolismo más perezoso es que la tiroides adopta un ritmo más lento y cambia los niveles de almacenamiento del glucógeno en el cuerpo, preservándolo en vez de gastarlo, con lo que se hace imposible cualquier pérdida de peso.

Estrés

Dos hormonas que se liberan en momentos de estrés son el cortisol y la DHEA (véase pág. 58). El estrés altera el equilibrio hormonal y puede promover el almacenamiento de grasa, incluso cuando se limita la ingestión de alimentos. La persona que sigue el régimen no puede perder peso, y el propio régimen se convierte en un factor estresante.

Alergias e intolerancias

A veces desarrollamos una intolerancia hacia ciertos alimentos que comemos a diario. Cuando se ha desarrollado una intolerancia, el cuerpo hace acopio de líquidos para proteger cualquier zona potencialmente vulnerable, como el tracto intestinal. Esta retención de líquidos causa una hinchazón y un aumento de peso.

Si una persona presenta intolerancia al trigo, con sólo comer un cuenco de cereales y una tostada por la mañana, un bocadillo vegetal en el almuerzo y pasta con salsa de tomate fresco en la cena, sufrirá casi con total certeza un aumento de peso, ya que más del 50 por ciento de lo que ha comido durante el día contenía trigo. Hemos constatado que, al eliminar el trigo de su dieta, estos pacientes han experimentado un incremento en el nivel de energía, una disminución de la hinchazón de los tejidos y una pérdida de peso. Si usted sospecha que padece una intolerancia de este tipo, lleve un diario alimentario (véase pág. 32), que le permitirá ver con qué frecuencia consume los mismos alimentos.

Desequilibrio del nivel de azúcar en sangre

Hemos constatado que prácticamente todas las personas que tienen dificultad para perder peso tienen un notable desequilibrio del nivel de azúcar en sangre. Resolver este desequilibrio hormonal es el primer paso para conseguir una verdadera pérdida de grasa. Asimismo, aporta el beneficio añadido de reducir la inflamación, mejorar el estado de ánimo, la concentración y los niveles energéticos, y eliminar el deseo exagerado de comer. No hay nada como la fruta fresca y las verduras. Los nutrientes que contienen estimulan la glándula tiroides y permiten mantener un ritmo metabólico saludable, al tiempo que su contenido en fibra ayuda a eliminar el exceso de grasa del cuerpo. Es mejor consumirlas crudas, ya que su fibra y sus nutrientes pueden destruirse con la cocción.

Sorprendentemente, necesitamos grasas para poder mantener un peso saludable. Los ácidos grasos esenciales que se encuentran en los frutos secos, las semillas, el pescado azul y el aceite de oliva son vitales para extraer las grasas acumuladas en los tejidos adiposos, algo primordial para el control del peso. Todas las células del cuerpo tienen una capa grasa que las protege de cualquier posible daño, además de encargarse de hacer penetrar los nutrientes y eliminar las toxinas. Esta capa grasa está formada por ácidos grasos esenciales, que no pueden fabricarse en el cuerpo y tienen que extraerse de los alimentos ingeridos. Si la ingesta de ácidos grasos esenciales es inadecuada, las paredes celulares se vuelven más rígidas, impidiendo que las toxinas, tales como las grasas acumuladas, se eliminen. Con el tiempo, la grasa se vuelve cada vez más densa y más difícil de desplazar. Así, para deshacerse de la grasa y la celulitis, deben ingerirse ácidos grasos esenciales. Por esta razón, los pescados azules como la sardina, la caballa, el arenque, el atún y el salmón, ricos en ácidos grasos esenciales, deben ser una fuente primordial de proteína para cualquier persona que siga un programa de control de peso. Para los vegetarianos, una buena

Elegir bien: un buen menú diario

¡Olvídese de sus prejuicios y vea en la tabla inferior cómo las comidas de cada día pueden ser equilibradas, variadas y deliciosas! Éstos son sólo algunos ejemplos de las recomendaciones que hacemos a nuestros pacientes. (Véanse las recetas de las págs. 130-155).

desayuno

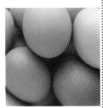

Un vaso de zumo de fruta o de hortalizas recién hecho acompañado de cualquiera de estas opciones:

- crema de tofu
- sopa de mijo
- yogur biológico natural con la fruta que se desee con semillas molidas de ajonjolí, pipas de calabaza o de girasol
- Copos de maíz sin azúcar o muesli con leche de arroz
- Huevos pochos o revueltos con tomate y setas

a media mañana

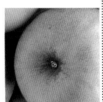

Elija una de estas opciones:

- manzana o pera con queso fresco
- un puñado de pipas de calabaza, almendras o nueces
- medio aguacate
- copos de maíz biológico y hummus

almuerzo

- sopa de verdura y una abundante ensalada verde, además de cuatro hortalizas crudas de esta lista: brécol, col cortada en tiras, calabaza o zanahoria rallada, remolacha cruda, setas, cebolla tierna, rábanos, coliflor, guisantes y maíz dulce.

  Añadiendo una de estas opciones:
- queso fresco
- una loncha de pechuga de pollo magra (sin piel)
- una lata de atún, sardinas o salmón

  O bien:
- pescado a la plancha con verduras al vapor

  Y además:
- fruta, como un plátano, una manzana, unas bayas o cerezas enlatadas (sin almíbar ni azúcar)

fuente de ácidos grasos esenciales son las semillas como la linaza, el ajonjolí y las pipas de calabaza y de girasol, así como los aceites prensados en frío que se extraen de todas ellas. El aceite de oliva también puede emplearse con moderación.

Además de una buena dieta, el ejercicio físico regular aporta muchos beneficios al cuerpo y ayuda

comprométase a hacerlo y no abandone, cueste lo que cueste. Para facilitar la pérdida de peso, debe frotarse todo el cuerpo a diario, lo que estimulará su drenaje linfático y ayudará a disgregar los depósitos de grasa acumulada. Utilice un cepillo de cerda natural, en vez de uno fabricado con fibras sintéticas, y frótese la piel con pasadas hacia el centro del cuerpo.

Sorprendentemente, necesitamos grasas para poder mantener un peso saludable. Los «buenos» son los ácidos grasos esenciales, que ayudan a extraer las grasas acumuladas en los tejidos adiposos.

a mantener un equilibrio saludable del nivel de azúcar en sangre. Decidirse a realizar ejercicio físico más a menudo puede ser difícil, ya que muchos de nosotros tendemos a llevar vidas sedentarias. Para algunos, la forma de conseguirlo puede ser apuntarse a un gimnasio y asistir a clases; para otros, realizar un paseo diario o ir a la oficina andando tres veces a la semana pueden ser objetivos más asequibles. No lo deje para mañana:

La tabla de alimentación sana de la parte inferior de la página es un ejemplo de cómo diseñar una dieta diaria que equilibre los niveles de azúcar en sangre, aumente la vitalidad y favorezca una salud completa, ayudando al mismo tiempo a controlar el peso. Siga el principio de combinar proteínas con carbohidratos en cada comida para asegurar el equilibrio de los niveles de azúcar en sangre y para evitar la posibilidad de sentir una sensación exagerada de hambre.

a media tarde

Elija una de estas opciones:

• una pieza de fruta, como una naranja, unas cuantas uvas o una ciruela amarilla

• un puñado de semillas o frutos secos variados

• dos tostadas de avena untadas con *tahini*, guacamole o aguacate

cena

Una ración de proteína primaria, como:

• pescado, pavo o pollo con al menos tres verduras y arroz integral o de grano largo.

• arroz o fideos con pollo salteado

• tofu y verdura salteada, con pimientos rojos, zanahorias, judías verdes, guisantes, jengibre, cebolla o setas

para antes de dormir

Elija una de estas opciones:

• queso fresco y dos tostadas de avena

• un plátano

• una tostada de pan de arroz untada con hummus o manteca de frutos secos (sin azúcar)

alergias alimentarias

Actualmente, las reacciones alérgicas son bastante habituales. Hay muchas más personas con alergias hoy en día que hace cincuenta años. Este aumento puede atribuirse a una mayor contaminación ambiental, al uso de pesticidas y a la abundancia de otros productos químicos que utilizamos o a los que estamos expuestos en nuestra vida cotidiana. Se calcula que cada año estamos en contacto con unas 3.000 sustancias químicas diferentes, de modo que no es extraño que las alergias vayan en aumento.

Cada día, nuestro sistema inmunológico es atacado por los productos químicos que ingerimos con los alimentos y las bebidas y por las sustancias potencialmente tóxicas que inhalamos. Esta batalla constante sobrecarga el hígado, con lo que aumenta la prevalencia de las reacciones alérgicas.

Los alérgenos alimentarios más frecuentes son el trigo, los productos lácteos, los cítricos y los huevos. En relación con la evolución humana, el trigo es un alimento relativamente nuevo, que sólo se ha cultivado durante los últimos 10.000 años. Aún no se sabe con certeza si la intolerancia al trigo es debida a una falta de adaptación del ser humano a este cereal o si tras ella se encuentran los pesticidas, los herbicidas y los procesos químicos que intervienen en su preparación. Los alimentos basados en el trigo acostumbran a formar la mayor parte de la dieta occidental, por lo que es posible que la causa del problema sea una falta de variedad.

La alergia al gluten es una forma más aguda de alergia a los cereales y puede ser provocada por la avena, el trigo, el centeno y la cebada. Las personas que padecen la enfermedad celiaca (véase Trastornos Digestivos, pág. 74) no pueden tolerar ninguno de estos cereales. En los casos más graves, la alergia al gluten puede poner en riesgo la vida, ya que el gluten erosiona la delicada pared interna del tracto digestivo e impide la absorción de los nutrientes esenciales.

¿Cuándo una alergia no es una alergia?

Existe cierta confusión entre las alergias y las intolerancias. Si bien sus efectos son similares, sus causas son distintas. Una alergia se define como una reacción inmediata a un estímulo concreto, que provoca que el sistema inmunológico produzca anticuerpos para atacar a la molécula ofensiva.

Una intolerancia es una reacción retardada (que a menudo tarda unos días en manifestarse) que provoca una gran variedad de síntomas, en ocasiones sin presentar ninguna relación aparente entre sí. La tabla de la página 31 ilustra estas diferencias.

Asimismo, muchos síntomas no presentan una relación obvia con una intolerancia alimentaria. La variedad de reacciones es tan amplia que con frecuencia se atribuyen a otras causas. Algunos de estos síntomas son: depresión, dolor en las articulaciones, ojos hinchados, palidez y/o sequedad de la piel, mente nublada (dificultad para

¿Alergia o intolerancia?

Existen pequeñas diferencias entre una alergia alimentaria y una intolerancia. Las reacciones del cuerpo ante un alimento sospechoso ayudan a determinar el diagnóstico. Para saber si usted padece una alergia o una intolerancia, consulte la tabla que sigue a continuación.

	alergia	intolerancia
tiempo de reacción	inmediato	retardado
causas	histaminas y anticuerpos	anticuerpos
síntomas	urticaria, erupciones, hinchazón, vómitos, palpitaciones, enrojecimiento y cansancio súbito	picor, pulso acelerado, fatiga, retención de líquidos, dolor muscular, cercos morados debajo de los ojos, dolor de cabeza y migraña

concentrarse y para pensar con claridad), respiración jadeante, estreñimiento y/o diarrea, úlceras bucales, nariz enrojecida, indigestión, erupciones cutáneas, bolsas o cercos morados debajo de los ojos e incontinencia urinaria en la cama, en el caso de los niños.

El factor genético
Si bien es habitual hallar alergias en hijos de personas con antecedentes de problemas alérgicos, de ello no se desprende que tenga que ser así en todos los casos. La experiencia indica que los hijos de padres con asma, eczema o fiebre del heno (alergias atópicas) tienen una mayor susceptibilidad, especialmente si tanto el padre como la madre padecen estos trastornos. El problema parece proceder de los genes que determinan la supresión de la secreción de la IgE, una sustancia química del cuerpo que constituye uno de los mediadores de la respuesta aguda e inflamatoria instantánea ante ciertos alérgenos concretos. Sin embargo, los genes no son la única causa de alergia. Por ejemplo, los gemelos idénticos no necesariamente desarrollan las mismas alergias, lo que indica que otros aspectos externos, como los factores ambientales, bacterianos o víricos, pueden también tener un papel determinante en la probabilidad que tenga un individuo de desarrollar alergias.

Digestión y alergias
El tracto digestivo posee unos sistemas de defensa muy eficientes, por lo que esta zona es altamente reactiva a los alimentos y a las sustancias problemáticas. Lo que produce un mayor trastorno en los intestinos es la proliferación excesiva de *Candida albicans*.

31

Aunque la cándida es un organismo que se encuentra normalmente en los intestinos, cuando el sistema inmunológico se ve afectado, ésta puede descontrolarse y convertirse en un problema. Cuando esto sucede, la cándida se vuelve invasiva, abriéndose paso a lo largo de la pared intestinal y creando agujeros y espacios abiertos en una barrera que normalmente se encuentra muy bien protegida. Estos agujeros permiten que ciertas partículas de alimentos, que normalmente no podrían atravesar la pared, penetren en el flujo sanguíneo y provoquen respuestas inmunológicas. Ésta es una causa típica de migrañas y dolores de cabeza relacionados con una intolerancia alimentaria.

Cómo tratar las alergias y las intolerancias

La buena salud del tracto intestinal y la eficacia del sistema inmunológico son esenciales para aliviar o prevenir las alergias y las intolerancias. El primer paso para abordar el problema es identificar los alimentos o las sustancias que desencadenan la reacción. Por tanto, trabajar con la ayuda de un especialista en nutrición es una de las formas más productivas de afrontar el problema de las alergias alimentarias.

Los problemas sintomáticos en los niños con frecuencia pueden aliviarse rápidamente eliminando ciertos alimentos ofensivos. Por ejemplo, en casos de hiperactividad o de trastorno de déficit de atención e hiperactividad, eliminando los alimentos con aditivos y colorantes se consigue a menudo un efecto positivo inmediato.

En los adultos, muchos problemas de salud de larga duración, que anteriormente no se habían asociado a interacciones alimentarias, pueden eliminarse permanentemente siguiendo programas de exclusión diseñados por un especialista en nutrición. Comer alimentos de temporada y variar las comidas a diario también puede ayudar a eliminar muchas intolerancias alimentarias menores.

Pruebas de alergia

Muchos alimentos irritan tanto el tracto intestinal como todo el cuerpo. Existen varias pruebas distintas que pueden realizarse para determinar las alergias, desde una prueba cutánea hasta un análisis de sangre completo, para medir la reacción inmunológica que provoca cada alimento. Los resultados de estas pruebas no siempre son concluyentes, ya que se dan tanto falsos positivos como falsos negativos. Muchos pacientes nos traen largas listas de alimentos que no pueden tomar. Tras una investigación y un examen más exhaustivos, a menudo descubrimos que padecen una disfunción en su tracto intestinal que les provoca un gran número de intolerancias alimentarias. Para resolverlo, nos centramos en la salud del tracto intestinal y, en particular, en la integridad de la pared intestinal, y les aconsejamos las medidas que deben tomar para mejorar su estado. Por lo general, con estas medidas se resuelven muchas de las intolerancias y nuestros pacientes pueden volver a disfrutar de sus alimentos preferidos.

Diario alimentario

Según nuestra experiencia, llevar un diario alimentario en el que se recojan todos los alimentos y las bebidas que se toman y las reacciones posteriores a su ingesta es un método muy exacto de descubrir los alimentos problemáticos. También podemos anotar las reacciones emocionales que nos provocan los alimentos. Por ejemplo, algunas personas pueden constatar que al cabo de 24 horas

Choque anafiláctico

Para algunas personas, un simple alimento puede poner en peligro su vida si son alérgicas a él, la reacción no se identifica inmediatamente y no se trata de forma adecuada. Estas reacciones extremas pueden darse al cabo de unos minutos de haber ingerido un alimento y reconocerse por los síntomas descritos a continuación.

- Oclusión de la garganta y de los conductos nasales

- Incapacidad de respirar

- Ansiedad

- Ataque de pánico

- Hinchazón aguda de cualquier zona o de la totalidad del rostro y el cuello.

de haber comido tomate experimentan dolor en las articulaciones, retención de líquidos e irritabilidad; otras pueden ser vulnerables al pan y a la pasta y padecer reacciones como depresión, dolores de cabeza o estornudos.

De todos modos, si usted sospecha que padece alguna intolerancia alimentaria, es aconsejable que acuda a un especialista en nutrición o a un especialista en alergias para que investigue su causa. Si predominan las reacciones retardadas, las intolerancias pueden ser difíciles de determinar.

Choque anafiláctico

El choque anafiláctico es una reacción extrema, peligrosa y potencialmente mortal a un antígeno. Los cacahuetes son bien conocidos por su potencial para provocar un choque anafiláctico: en la actualidad, muchos productos alimenticios llevan advertencias sobre su contenido en cacahuetes u otros frutos secos, ya que pueden provocar una reacción alérgica en personas susceptibles. El marisco es otra de las grandes causas de este tipo de reacción, si bien estos alimentos no acostumbran a llevar ninguna advertencia. Las picaduras de abeja y de avispa también pueden provocar un choque anafiláctico. Si éste se produce, lleve inmediatamente al paciente a

un hospital, ya que puede necesitar una inyección de adrenalina (epinefrina). Busque en los bolsillos del paciente, ya que muchas personas sensibles llevan siempre encima una jeringa. Si la hinchazón es severa, póngale una pajita en la boca para realizarle la respiración asistida.

Sobrecarga tóxica

Hay personas que descubren que se han vuelto aparentemente intolerantes a «casi todo». Ello es debido normalmente a una alteración de la flora intestinal severa, que provoca tal inflamación en el tracto intestinal que las partículas de alimento dañinas pueden pasar al flujo sanguíneo sin antes ser examinadas. Es imprescindible tratar ante todo el problema intestinal y esperar a que la inflamación remita.

También es posible que el hígado esté sobrecargado por una elevada ingesta de azúcar, alcohol o fármacos durante un período prolongado. Si el hígado está desbordado, aparecerán muchos síntomas de los que producen las intolerancias alimentarias, en este caso es esencial seguir un tratamiento para restablecer la salud del hígado. Acuda a un experto en nutrición para que le diseñe un programa personalizado.

métodos de cocción

Cocinar es tanto un arte como un placer. Si se hace bien, se consigue mejorar el aspecto y el sabor de muchos alimentos. Sin embargo, cuando éstos se calientan, su nivel de nutrientes puede disminuir. Si bien recomendamos que se consuman tantos alimentos crudos como sea posible (siempre que no suponga un riesgo), sabemos que no todo el mundo está dispuesto a hacerlo. Es necesario establecer un equilibrio entre el sabor y el valor nutritivo.

La cocción cambia la constitución interna de los alimentos, haciéndolos más fáciles de digerir y de asimilar por el cuerpo. Sin embargo, en algunos casos la cocción puede dañar los alimentos hasta el punto de convertirlos en potencialmente cancerígenos. Por ejemplo, los aceites fritos tienen alterada su estructura química, lo que los hace dañinos para los tejidos vulnerables del cuerpo, como el sistema cardiovascular (véase El corazón y la circulación, pág. 104).

Algunos métodos de cocción y de preparación de los alimentos son mejores que otros para preservar su nivel de agua y de nutrientes. La vitamina C y todas la vitaminas del complejo B son hidrosolubles y pueden evaporarse fácilmente durante una cocción intensa.

Cocinar al vapor

Cocinar los alimentos al vapor es la forma más eficaz de preservar su contenido en nutrientes. Haga hervir un poco de agua y coloque los alimentos (normalmente verduras o pescado) en un recipiente para cocinar al vapor sobre el agua hirviendo. El vapor cocerá los alimentos en cuestión de minutos. Verduras como la zanahoria y el brécol tardan unos cinco minutos en cocerse, mientras que las hojas como las espinacas tardan

menos de un minuto. La verdura queda *al dente* (expresión italiana que significa que se mantienen firmes) tras cocinarse al vapor, conservando sus colores vivos, su estructura fibrosa y su contenido en nutrientes.

Para cocinar el pescado al vapor suelen bastar unos diez minutos. De este modo se preservan las delicadas grasas «buenas» que contiene la mayoría de los pescados, así como las vitaminas hidrosolubles del complejo B. El pescado puede cocinarse al vapor sobre agua aromatizada con jengibre, zumo de limón o hierbas aromáticas, siendo ésta una forma perfecta de enriquecer su sabor.

Hervir

Hervir los alimentos, especialmente las verduras, es la mejor forma de dejarlos insípidos y con un bajo contenido nutritivo. Se dice que si se hierven verduras como las zanahorias durante diez minutos el agua contiene más vitamina C que las zanahorias. Así, por tanto ¡sería mejor beber el agua y tirar las zanahorias!

Como norma general, recuerde que hervir las verduras destruye un 40 por ciento de las vitaminas del complejo B y el 70 por ciento de la vitamina C. Cuanta más agua haya en el cazo, mayor será la pérdida de nutrientes. Esta pérdida es aún mayor cuando las verduras se trocean, ya que una mayor superficie queda expuesta al agua y al calor, con lo que se reducen todavía más los niveles de nutrientes.

En muchos países es habitual añadir sal al agua cuando se hierven verduras. Esto es innecesario: la mayoría de las personas ya siguen una dieta demasiado rica en sal. La sal perjudica el equilibrio entre el sodio y el agua del cuerpo, así como el ritmo natural del músculo cardíaco. Toda la fruta y la verdura contiene de forma natural algo de sodio,

se frían rápidamente, el calor extremo destruye drásticamente los nutrientes y modifica los delicados aceites que contienen alimentos como el pescado azul y las aves. Todos los aceites empleados en cocina tienen lo que se denomina «punto de humo»: la temperatura a la que el aceite se quema. Cada aceite tiene un punto de humo distinto. El aceite de oliva extra virgen es el que se quema a una temperatura más elevada.

Freír los alimentos crea un gran número de radicales libres. Los radicales libres son estructuras altamente reactivas, perjudiciales para el organismo.

Todos los alimentos fritos son agradables al paladar, pero potencialmente dañinos.

y normalmente sólo son los paladares desensibilizados por un exceso de estimulantes, alcohol y azúcares los que sienten la necesidad de añadirles sal (véase pág. 109.) Así que, si usted decide hervir los alimentos, hágalo durante el menor tiempo posible y utilizando una pequeña cantidad de agua para preservar al máximo los nutrientes. O, mejor aún, cambie de idea y cocine al vapor.

Freír

Todos los alimentos fritos son agradables al paladar, pero potencialmente dañinos. Aunque los alimentos

Intervienen en el inicio del cáncer, en las enfermedades cardíacas (véase pág. 110) y en el envejecimiento prematuro. Los radicales libres pueden contrarrestarse tomando alimentos ricos en antioxidantes (véase pág. 116). Sin embargo, los antioxidantes se destruyen fácilmente con las altas temperaturas que se producen al freír. Se sabe que dorar los alimentos friéndolos o, peor aún, quemándolos un poco, puede volverlos cancerígenos.

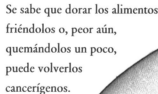

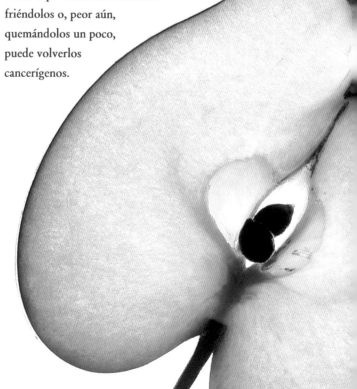

El propio humo que se produce al freír puede ser peligroso. Los cocineros que fríen alimentos de forma habitual tienen un alto riesgo de sufrir cáncer de pulmón y de laringe.

Las vitaminas que son solubles en agua (B y C) y en grasa (D, A, K y E) se pierden al freír los alimentos. Freír la carne o las aves reduce su nivel de vitamina C hasta en un 30 por ciento.

Saltear en un *wok*

Si bien saltear los alimentos en un *wok* se considera una alternativa saludable, es otra forma de freír. En consecuencia, pueden perderse nutrientes y las grasas se ven químicamente alteradas.

Sin embargo, la cantidad de aceite que se utiliza es mínima en comparación, y los alimentos se cocinan rápidamente, ya que el *wok* asegura una distribución uniforme del calor. Si los alimentos se cocinan rápidamente y se remueven de forma continua, el daño se minimiza.

Añada una cucharada de agua y una de salsa de soja al aceite mientras éste se calienta. El líquido impedirá que el aceite se queme, y al evaporarse generará algo de vapor que ayudará a cocinar los alimentos. Mejor aún, cuézalos parcialmente antes (lo mejor es cocerlos al vapor) y luego páselos por el *wok*.

Microondas

Cocinar en el microondas pone en movimiento las moléculas de agua de los alimentos, movimiento que produce el calor que los cuece. Las paredes del horno irradian las microondas que penetran en los alimentos. Sus niveles de nutrientes se mantienen razonablemente altos tras cocinarlos en el microondas, probablemente debido al breve tiempo de cocción, que es la principal ventaja de este método. De todos modos, se pierden algunos nutrientes, por lo que es preferible cocinar al vapor.

Uno de los principales problemas que plantea este método de cocción es el tipo de alimentos que se acostumbran a cocinar en hornos microondas: las comidas «preparadas». Éstas pueden cocinarse en el microondas en unos minutos, contienen azúcar, sal y a menudo grasas hidrogenadas, todas ellas sustancias que pueden ser dañinas para el organismo. Además, cuando se cocinan en el microondas, estos aditivos alimentarios tienen más probabilidades de sufrir cambios moleculares. Estos cambios en la estructura molecular pueden producir radicales libres.

Guisos y sopas

Los guisos consisten en un proceso de cocción lenta y prolongada. Los guisos y las sopas tienen la ventaja de que el líquido de cocción se sirve y se come juntamente con los alimentos, con lo que se consumen los nutrientes que se transfieren al agua.

La ventaja de los alimentos guisados es que se cuecen lentamente y normalmente a temperaturas por debajo del punto de ebullición. Como la pérdida de vitaminas y de minerales aumenta con la temperatura, este método no altera excesivamente el nivel de nutrientes. Los guisos también hacen más digeribles los alimentos proteicos, ya que las fibras se disgregan y se facilita su absorción.

Algunas frutas incluso se benefician de este método de cocción. Por ejemplo, las enzimas de las ciruelas se liberan durante este proceso de cocción suave y lenta. Cocer así la fruta intensifica el sabor de su azúcar natural, de modo que es aconsejable equilibrar su sabor acompañándola de un yogur biológico sin azúcar.

Cocinar al horno

Cocinar al horno carnes, aves y verduras es una forma popular de preparar comidas y es un método de cocción antiquísimo en Occidente. El contenido en grasas de los alimentos queda relativamente intacto, siempre que el horno no esté demasiado caliente. Sin embargo, si se dejan quemar las grasas, se vuelven potencialmente cancerígenas. El color tostado que adquieren los alimentos cocinados al horno es debido a que los carbohidratos, en forma de azúcares, reaccionan al calor.

Algunas vitaminas hidrosolubles, como la vitamina C y las del complejo B, se pierden de forma inevitable durante la cocción al horno. Se calcula que se pierde aproximadamente un 25 por ciento de las vitaminas del complejo B, si bien la pérdida depende del tiempo de cocción. Lo mismo puede decirse de la temperatura: cuanto más alta, mayor es la pérdida de nutrientes.

Barbacoa

Hacer una barbacoa en pleno verano es algo muy popular. Los alimentos que tradicionalmente se cocinan de este modo son la carne y el pescado, ricos en proteínas. A mucha gente le gusta comerlos ligeramente tostados por fuera. Sin embargo, los alimentos quemados pueden ser cancerígenos. Cuando entran en contacto con la garganta y el tracto digestivo dañan las células, lo que provoca un aumento de radicales libres dañinos.

Para minimizar los perjuicios de los alimentos cocinados así, asegúrese de que la barbacoa esté caliente (las brasas deben estar blancas y sin llamas). No utilice pastillas para encender el fuego: los alimentos cocinados directamente sobre su llama pueden quedar impregnados de los productos químicos que éstas contienen. Como consecuencia del intenso calor que soportan los alimentos cocinados en una barbacoa, con demasiada frecuencia éstos quedan hechos por fuera pero crudos por dentro. Por este motivo, es aconsejable cocinarlos primero parcialmente en el horno y luego finalizar el proceso en la barbacoa.

Alimentos crudos

Ésta es, con diferencia, la mejor forma de beneficiarse de todos los nutrientes. No le sugerimos que coma la carne o los cereales crudos, pero sí algunas hortalizas, frutas, frutos secos o semillas crudas cada día. El beneficio que aportan los alimentos crudos es que contienen sus propias enzimas digestivas y disminuyen la demanda de estas proteínas que recibe el páncreas. También son ricos en fibra, que estimula la eliminación de los residuos tóxicos y del exceso de colesterol del organismo.

Si sus comidas acostumbran a llevar instrucciones del tipo «perfore varias veces el plástico antes de ponerlo en el microondas», le animamos a que, en la medida de lo posible, dedique un poco más de tiempo a cocinar y a comer mejor. A partir de la página 130 encontrará varias sugerencias para preparar comidas saludables y nutritivas. La mayoría de nuestras recetas son rápidas y sencillas y precisan un trabajo mínimo, y son la prueba de que una buena comida puede prepararse en sólo unos minutos, pero sus efectos positivos pueden durar toda la vida.

consejos de nutrición

Si marina los alimentos en aceite de oliva (rico en vitamina E), antes de ponerlos en la barbacoa, conseguirá una cierta protección contra los efectos perniciosos de los radicales libres, que quedan sueltos durante este proceso de cocción.

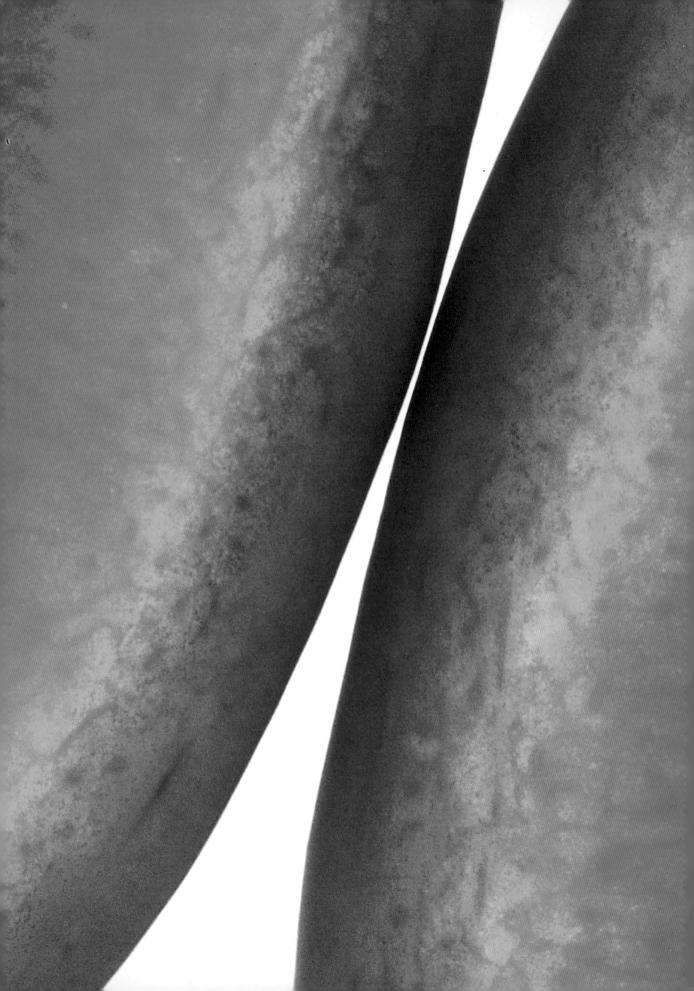

primera parte

Energía
y emociones

comer bien para estar de buen humor

De los alimentos que consumimos extraemos la energía necesaria para todas las funciones de nuestro organismo, desde andar y hablar hasta digerir y respirar. Pero, ¿por qué a menudo nos quejamos de que nos falta energía o de que nos sentimos irritables y apáticos? La respuesta yace en los tipos de alimentos que constituyen nuestra dieta cotidiana.

Generar energía

Además de agua y aire, necesitamos una ingesta constante y regular de alimentos, ya que constituyen la principal fuente de energía necesaria para el movimiento, la respiración, la regulación de la temperatura corporal, el funcionamiento del corazón, la circulación sanguínea y la actividad cerebral. Resulta asombroso constatar que, incluso cuando descansamos, nuestro cerebro utiliza alrededor del 50 por ciento de la energía que se extrae de los alimentos que consumimos, y considerablemente más cuando hacemos trabajar intensamente nuestra mente, por ejemplo durante un período de trabajo intenso o al estudiar para un examen. Pero, ¿cómo se transforman los alimentos en energía?

El proceso de digestión, descrito con más detalle en el capítulo dedicado a este tema (págs. 69-79), reduce todos los alimentos a moléculas simples, como por ejemplo la glucosa, que luego se transportan a través de la pared intestinal hacia el flujo sanguíneo. La glucosa se lleva al hígado, donde se filtra y se almacena dejándola a punto para su uso. La glándula pituitaria del cerebro ordena al páncreas y a las glándulas adrenales que segreguen varias hormonas. Éstas estimulan el hígado a liberar la glucosa almacenada hacia la sangre para que llegue a los músculos y órganos que la necesiten.

Cuando llega al órgano de destino, la glucosa penetra en cada célula y allí se convierte en una fuente de energía que éstas pueden utilizar. El proceso por el cual los órganos se mantienen abastecidos de energía se conoce como gestión del azúcar en sangre.

Para maximizar nuestra energía es necesario incorporar ciertos alimentos a nuestra dieta, especialmente los que estimulan el metabolismo y los que mantienen unos niveles constantes de energía. Para comprender cómo nos benefician estos alimentos, debemos tener en cuenta los siguientes factores:

¿Cómo se convierten los alimentos en energía?

Cada célula contiene varias mitocondrias. En ellas, las partes constitutivas de los alimentos sufren una serie de reacciones químicas que producen energía. De este modo, cada célula actúa como una minúscula central energética. Es interesante ver que el número de mitocondrias que tenemos en cada una de nuestras células depende de nuestro nivel de energía. Si hacemos ejercicio regularmente, el número de mitocondrias aumenta para satisfacer la mayor demanda de energía. De forma inversa, llevar una vida sedentaria hace descender nuestra eficiencia a la hora de producir energía, de modo que las mitocondrias disminuyen. Estas reacciones

La col contiene los minerales necesarios para tener una buena concentración y estar de buen humor.

químicas requieren la presencia de un gran número de nutrientes, cada uno de los cuales tiene un papel específico en las distintas fases del proceso de producción de energía (véase Alimentos energéticos, pág. 45). Aparte de la importancia del contenido en nutrientes de un alimento en concreto, también es imprescindible comer ciertos tipos de alimento para obtener energía: carbohidratos, proteínas y grasas.

una base acuosa, se libera en la sangre para aportar una cantidad extra de energía al organismo.

Equilibrio entre proteínas y carbohidratos

Si bien la dieta de todas las personas debería contener una mezcla de carbohidratos y proteínas, existe un nivel de equilibrio óptimo distinto para cada individuo, que depende de su estilo de vida. Aunque la única forma de conseguir nuestro

Es importante minimizar los factores dietéticos que substraen energía del organismo o interfieren en su producción. Todos estos alimentos estimulan la hormona adrenalina.

Es importante mantener la glucosa en sangre en un nivel constante para conservar la concentración y el estado de alerta (véase Gestión del azúcar en sangre, págs. 44-46). Consumir alimentos con un bajo valor glucémico ayuda a mantener los niveles de azúcar en sangre. Añadir proteínas y fibra a cada comida principal o a cada tentempié que tomemos ayuda a mantener unos buenos niveles energéticos durante todo el día.

Carbohidratos y glucosa

La energía que obtenemos de los alimentos es más probable que provenga de los carbohidratos que de las proteínas o de las grasas. Los carbohidratos se convierten más fácilmente en glucosa, por lo que son el alimento más adecuado para que el organismo produzca energía.

La glucosa puede convertirse en energía de uso inmediato, y todo excedente se almacena como reserva en el hígado y en los músculos. Se almacena en forma de glucógeno, que puede volver a convertirse fácilmente en glucosa cuando sea necesario. Durante la respuesta de «huir o luchar» (véase pág. 44), el glucógeno, que se encuentra en

equilibrio personal es a través de pruebas y errores, la tabla de la página siguiente puede utilizarse como guía.

Tenga cuidado con su ingesta de proteínas. Equilibre siempre las proteínas con carbohidratos complejos de alta calidad, como hortalizas o cereales integrales. Comer demasiadas proteínas estimula el cuerpo a adoptar un estado ácido, cuando lo recomendable es que esté ligeramente alcalino. Los sistemas internos de control del organismo actúan para pasar del estado ácido al alcalino, liberando calcio de los huesos. En última instancia, ello puede poner en peligro la salud de los huesos y provocar

consejos de nutrición

Las bebidas y las golosinas con glucosa provocan una subida instantánea del nivel de energía, pero ésta dura muy poco y agota aún más las reservas energéticas de nuestro organismo. Al hacer ejercicio utilizamos mucha energía, de modo que antes de empezar bébase un batido de tofu con bayas frescas y leche de arroz con vainilla.

Su estilo de vida	Lo que necesita (relación entre proteínas y carbohidratos)
INACTIVO **Anciano, sedentario o convaleciente**	**proteínas 1 : 2 carbohidratos**
MÁS ACTIVO **Oficinista, dependiente de un comercio o ama de casa**	**proteínas 1 : 1½ carbohidratos**
ESTILO DE VIDA ACTIVO **Persona que hace regularmente ejercicio, madre trabajadora o estudiante**	**proteínas 1 : 1¼ carbohidratos**
ACTIVIDAD MÁXIMA **Deportista, culturista o bailarina**	**proteínas 1 : 1 carbohidratos**

osteoporosis, una enfermedad que debilita los huesos y facilita las fracturas óseas.

Experimente aumentando un poco su ingesta de proteínas y disminuyendo la de carbohidratos, o viceversa, hasta que sienta que su nivel de energía es mayor y se mantiene constante.

Las necesidades energéticas a lo largo de la vida

Existen varios momentos de nuestra vida en los que necesitamos más energía. Por ejemplo, en la infancia precisamos energía para crecer y aprender, mientras que en la adolescencia también la requerimos para los cambios hormonales y físicos que se dan en el organismo durante la pubertad. Durante el embarazo, tanto la madre como el niño precisan más energía, y a lo largo de nuestra vida utilizamos más energía en períodos de estrés. Además, si usted lleva una vida activa y/o tiene un trabajo no sedentario, consumirá más energía que las personas sedentarias, por ejemplo.

Ladrones de energía

Es importante minimizar los factores dietéticos que substraen energía del organismo o interfieren en su producción. Entre ellos se encuentran el alcohol, el té, el café y las bebidas carbonatadas, así como los pasteles, las galletas y los dulces. Todos estos alimentos estimulan la hormona adrenalina, segregada por las glándulas adrenales. La adrenalina se produce principalmente cuando el cuerpo percibe una amenaza o un reto (el síndrome de «luchar o huir») para prepararse para actuar. Hace que el corazón lata más rápidamente, los pulmones tomen más aire, el hígado libere más glucosa en la sangre y ésta se desplace de zonas no vitales hacia otras en las que sea más útil, como las piernas. Si existe una sobreproducción constante de adrenalina provocada por alimentos estimulantes, puede causar una fatiga general.

El estrés también es un ladrón de energía, ya que estimula la liberación de la glucosa almacenada en el hígado y los músculos, aportando energía a corto plazo pero creando fatiga a largo plazo, ya que se agotan constantemente las reservas energéticas. Durante la respuesta de «luchar o huir», el hígado libera glucógeno (azúcares almacenados), con lo que aumenta el nivel de azúcar en sangre. Así, la exposición a un estrés prolongado puede causar estragos en el nivel de azúcar en sangre. Del mismo modo, la cafeína y los estimulantes como la nicotina del tabaco aumentan también este nivel estimulando las glándulas adrenales, que liberan dos hormonas, el cortisol y la adrenalina, que interfieren con el proceso digestivo y ordenan al hígado que libere el glucógeno almacenado.

Alimentos energéticos

Los alimentos energéticos más importantes son los ricos en vitaminas del complejo B, que comprende las vitaminas B1, B2, B3, B5, B6, B12, B9 (ácido fólico) y la biotina. Todas ellas se encuentran en abundancia en los cereales integrales como el mijo, el alforfón, el centeno, la quinoa (un cereal sudamericano cada vez más extendido), el maíz y la cebada. Si estos cereales se hacen germinar, su contenido energético se multiplica varias veces, ya que la acción enzimática que se da en el proceso de germinación aumenta su valor nutritivo. Las vitaminas del complejo B también se encuentran en las hortalizas frescas.

Otros nutrientes necesarios para producir energía son la vitamina C, que se encuentra en frutas y hortalizas como las naranjas, las patatas y los pimientos; el magnesio, que se halla en las verduras, los frutos secos y las semillas; el zinc, presente en la yema de huevo, el pescado y las pipas de girasol; el hierro, abundante en los cereales, las pipas de calabaza y las lentejas; el cobre, parte constituyente de las nueces del Brasil, la avena, el salmón y las setas; y la coenzima Q10, presente en el buey, las sardinas, las espinacas y los cacahuetes.

Gestión del azúcar en sangre

¿Cuántas veces se ha levantado por la mañana mareado, de mal humor y con ganas de dormir un par de horas más? No se siente preparado para empezar el día. O, quizás, a media mañana se pregunta cómo se las arreglará para aguantar hasta la hora del almuerzo. Aún peor, ¿cuántas veces se ha sentido exhausto a media tarde, sabiendo que aún le quedan varias horas de trabajo, el viaje de vuelta a casa, y luego cocinar y cenar? Probablemente se pregunte «¿Qué ha sucedido con toda esa energía que tenía antes?».

La fatiga y la falta de energía permanentes pueden tener muchas causas distintas, pero, con mucha frecuencia, son el resultado de una dieta pobre e/o irregular y del consumo cada vez mayor de estimulantes para «aguantar» todo el día.

La depresión, la irritabilidad y los cambios de humor, así como la tensión premenstrual, el mal genio, la ansiedad y el nerviosismo pueden tener como causa un desequilibrio en la producción de energía, carencias alimentarias y frecuentes regímenes alimentarios adoptados por capricho.

Comprendiendo las bases de la producción de energía en el organismo podremos, en un plazo notablemente breve, conseguir un nivel energético más elevado y constante durante toda la jornada, conservando la resistencia suficiente para disfrutar de la última parte del día, además de experimentar un sueño más reparador durante la noche.

Glucosa, no azúcar

Los carbohidratos son azúcares complejos, distintos del azúcar que se añade a los cereales que se comercializan, a las bebidas carbonatadas, a los pasteles y a las galletas. Los carbohidratos son la mejor fuente de combustible para el organismo, ya que son los nutrientes más fácilmente convertibles

El abecé de los alimentos energéticos

Existen tres clases diferentes de alimentos energéticos. Los alimentos de la clase A son los más eficaces. Los de la clase B también aportan unos buenos niveles de energía, pero no tanto como los de la clase A. Los de la clase C aportan una energía «barata»: con ellos se consigue una rápida inyección de energía, pero ésta dura poco. En los momentos en los que necesite más energía, consuma pequeñas cantidades de comida a lo largo del día que contengan carbohidratos de las clases A o B y proteínas.

Clase A

- **Carbohidratos complejos**
  Cereales integrales como avena, cebada, arroz integral, mijo, pan integral, pan de centeno y pan de maíz

- **Verduras**
  Hortalizas como brécol, coliflor, coles de Bruselas, setas, nabos, zanahoria (especialmente cruda), espárragos, alcachofas y espinacas

- **Fruta**
  Aguacate, manzana, pera, piña, bayas como fresas, frambuesas, moras y cerezas

- **Proteínas**
  Salmón, atún, arenque, caballa, algas, huevos, tofu, nueces, nueces del Brasil, pipas de girasol y de calabaza, ajonjolí, linaza. Brotes de cereales y legumbres, judías y alubias, garbanzos, lentejas y soja

Clase B

- **Carbohidratos complejos**
  Alforfón, arroz rojo macrobiótico, arroz de grano largo y pan de avena

- **Verduras**
  Patata, boniato, maíz, calabaza pastelera, remolacha, pimiento, ñame, berro y hojas de hortalizas para ensalada

- **Fruta**
  Melocotón, albaricoque, mango, papaya y plátano

- **Proteínas**
  Judías rojas y negras, guisantes (secos), almendras, pollo, caza, pavo, ciervo, manteca de frutos secos, yogur, queso fresco y pescado

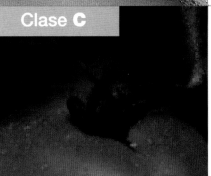

Clase C

- **Carbohidratos procesados**
  Pasta blanca, pan, arroz, fideos de arroz y fideos al huevo

- **Verduras**
  Tomate, guisantes tiernos, calabacín y pepino

- **Fruta**
  Ciruelas, fruta desecada, uvas e higos

- **Proteínas**
  Productos lácteos como queso y leche, carnes rojas y pato

en glucosa. Sin embargo, una dieta demasiado rica en carbohidratos puede romper el delicado equilibrio de los niveles de azúcar en sangre, haciéndolos fluctuar de forma drástica. Es mejor equilibrar todos los carbohidratos con fibra, proteína y un poco de grasa.

Cuando los alimentos se digieren y se absorben en la sangre, las hormonas estimulan el páncreas para que segregue insulina, que ayuda a transportar la glucosa a través de las membranas de cada célula. Si el nivel de azúcar (glucosa) en sangre es superior al que necesita el organismo, el excedente se envía al hígado, donde se almacena hasta que sea necesario.

Sin embargo, si el nivel de azúcar en sangre aumenta demasiado rápido, el páncreas responde segregando una gran dosis de insulina. Ello es la causa de los altibajos que experimentan muchas personas tras comer un dulce. Una chocolatina puede ser un gran «reconstituyente», ya que proporciona una inyección rápida de energía, pero al cabo de un breve espacio de tiempo la persona se sentirá aún más aletargada que antes de comérsela. Esta reacción pancreática se conoce como «hipoglucemia reactiva». Después de un período prolongado, puede provocar una diabetes, a menos que se introduzcan cambios en la dieta. La producción y la liberación de insulina desde el páncreas se inicia con la vitamina B3 (niacina) y el mineral de cromo, que trabajan conjuntamente. En las personas que padecen hipoglucemia reactiva o que tienen una dieta poco adecuada suele observarse una falta de cromo, acompañada por una sobrecarga y un agotamiento del páncreas.

El insidioso azúcar

El azúcar es el principal perturbador de los procesos de producción de energía del organismo. Además, el azúcar es insidioso. No sólo se encuentra en los alimentos que resultan más obvios, como los dulces, los pasteles y las bebidas enlatadas, sino que también se esconde en muchos otros productos como las comidas precocinadas, las salsas preparadas, la mayoría de cereales comerciales, el pan y las pizzas. El azúcar está en todas partes.

Para ver cuánto azúcar contiene un alimento o una bebida que usted consuma habitualmente, lea la etiqueta. Los ingredientes se listan por orden de cantidad. En una tableta de chocolate probablemente descubrirá que el azúcar es el ingrediente más abundante, mientras que el cacao se encuentra al final de la lista, lo que nos plantea una pregunta: ¿esto es una tableta de chocolate o de azúcar? Cuando leemos la etiqueta de una comida precocinada, el azúcar casi siempre se encuentra presente. Valdría la pena preguntarse *por qué* se incluye azúcar en algunos productos. Si usted preparase la misma comida en su casa no le pondría azúcar; entonces, ¿por qué lo hacen los fabricantes? La razón es muy sencilla: ponen azúcar en la comida porque es relativamente barato y proporciona un sabor familiar y supuestamente mejor. Sin embargo, como expertos en nutrición, consideramos que su inclusión es innecesaria en la mayoría de los casos.

Azúcar a todas horas

Con frecuencia no tenemos ni idea de cuánto azúcar tomamos, ya que suele estar presente en alimentos que no esperamos que lo contengan.

consejos de nutrición

Tomar un té o un café para conseguir un estímulo rápido genera un estrés innecesario en el organismo y aporta una energía de poca duración. Sustitúyalo por un té verde, bajo en cafeína y con una gran acción antioxidante, o por un zumo de naranja diluido.

Veamos un día cualquiera: el desayuno occidental típico con cereales, tostadas y café probablemente contiene azúcar en dos o tres de sus componentes. El azúcar se encuentra en el pan y en los cereales del desayuno, y puede añadirse al café. Lo mismo puede decirse del tentempié tomado a media mañana, consistente en un par de galletas y una bebida enlatada. El almuerzo con un bocadillo, una barra de cereales y otra bebida enlatada contiene azúcar en el pan, posiblemente en el relleno del bocadillo, en la barra de cereales y en la bebida enlatada. La merienda con galletas, chocolate y té sigue sumando más y más azúcar.

El alcohol, en todas sus formas, actúa como los azúcares simples y se absorbe directamente a través del estómago en la sangre. Es por ello que beber con el estómago vacío tiene un efecto tan rápido: el alcohol va directamente al cerebro, afectando al habla y a la razón, y causando una pérdida del equilibrio y de la coherencia. Si desea beber alcohol, coma siempre algo antes, ya que así la penetración del alcohol en la sangre será más lenta. Sin embargo, tenga presente que beber cuando se tiene que conducir, independientemente de lo que se haya comido, es muy peligroso.

Para ser más consciente del azúcar que toma, pruebe este experimento: no tome nada de azúcar durante dos semanas. Elimine el azúcar del té y del café, niéguese las chocolatinas y los dulces, no tome nada de miel y diga «no» a los postres. Al cabo de dos semanas, pruebe una cucharada de azúcar: el sabor le parecerá desmasiado dulce y probablemente satisfará sus deseos de azúcar durante bastante tiempo.

Incluso la cena, probablemente con pasta y una salsa envasada, o quizás un plato precocinado, también tiene un contenido de azúcar extremadamente elevado.

También le puede sorprender saber cuánto azúcar se esconde en alimentos que consideramos saludables, como el yogur, algunos zumos de fruta, las judías enlatadas y otras verduras. Incluso las formas más naturales de azúcar, la miel y la melaza, perturban el equilibrio del azúcar en sangre. Comiendo estos alimentos ricos en azúcar se eleva el nivel de azúcar en sangre, interfiriendo con la secreción de insulina y estresando el organismo.

La mayoría de la fruta se digiere rápidamente, especialmente cuando se come en ayunas, y puede tener un efecto en el equilibrio del azúcar en sangre similar a comer azúcar, si bien en un menor grado. Es por ello que las personas que padecen fluctuaciones en la energía, cambios de humor y fatiga deberían seguir dietas en las que la fruta sólo se consuma antes del mediodía. Si bien es beneficiosa por sus efectos antioxidantes y por su fibra, debe consumirse con moderación cuando se intentan reequilibrar los niveles de azúcar en sangre, y, en algunos casos, debe evitarse su consumo.

Todo lo que sube, baja

La forma más eficaz de mantener constante el nivel de azúcar en sangre es evitar los azúcares procesados e incluir proteínas en cada comida.

Sin embargo, tenga en cuenta que las verduras crudas en forma de zumo aumentan su índice glucémico, ya que se elimina su fibra, que retarda la digestión y, con ello, la liberación del azúcar. En la tabla que se

---

Tiempos de liberación del azúcar

Los alimentos liberan sus azúcares a distintos ritmos. Los más beneficiosos son los azúcares de liberación moderada o lenta, que proporcionan una liberación constante a lo largo del día. Evite los alimentos de liberación rápida, que producen una inyección de azúcar, pero agotan las reservas energéticas del organismo muy rápidamente, dejándonos aún más cansados que antes de ingerirlos.

Azúcares de liberación rápida
- miel
- bebidas enlatadas
- dulces y chocolate
- arroz blanco y pasteles de arroz
- pan francés
- copos de maíz
- patatas al horno
- pasas
- albaricoques
- fruta desecada
- tubérculos cocidos

Azúcares de liberación moderada
- palomitas
- fritos de maíz
- arroz blanco
- pasta
- rosquillas de pan (*bagels*)

Azúcares de liberación lenta
- pan de centeno
- yogur (sin azúcar)
- cereales integrales como mijo, alforfón, arroz integral y quinoa
- legumbres, como judías rojas y blancas, lentejas y garbanzos
- manzanas
- peras
- todos los tubérculos y bulbos crudos

Las proteínas estimulan una serie de secreciones hormonales que retardan la liberación de los azúcares. Las fuentes de proteína como los frutos secos, las legumbres, el tofu, los huevos, el pescado y las aves son ideales. Por ejemplo, tras comer un plato de pasta normal con salsa de tomate, el azúcar en sangre aumentará bruscamente, lo que provocará rápidamente una caída posterior. Añadiendo proteínas, como tofu o pollo, se retardará el proceso digestivo, lo que ayudará a conseguir un nivel de azúcar en sangre más constante. Las proteínas deben combinarse con fibra, ya que retarda la liberación de azúcar y facilita una buena gestión del azúcar en sangre.

Algunos alimentos son conocidos por liberar sus azúcares rápidamente, mientras que otros lo hacen de un modo más lento. Son estos últimos los que deben constituir la mayor parte de nuestra dieta. Cada alimento tiene un determinado «índice glucémico»: cuanto mayor sea éste, sus azúcares afectarán más rápido al nivel de azúcar en sangre.

encuentra en esta página se describen los distintos ritmos de liberación de varios alimentos.

Dormir bien: combatir el insomnio

Todos pasamos una noche sin pegar ojo de vez en cuando, pero, para algunas personas, este hecho puede ser frecuente, lo que les produce fatiga, irritabilidad y problemas de memoria y de concentración. Dormir es esencial para la reconstrucción del organismo. Durante la noche, la hormona del crecimiento estimula las proteínas de todo el organismo a construir nuevas células y a reparar cualquier desperfecto. Sólo se libera cuando dormimos, por lo que descansar adecuadamente cada noche es imprescindible para la salud de nuestro organismo.

El estrés y todos los estimulantes, como el alcohol, el té, el café y los refrescos de cola, el chocolate, los fármacos y las drogas, interfieren en los patrones de sueño, al igual que las comidas tomadas antes de ir a dormir, las indigestiones y una mala gestión del

Tentempiés energéticos

Los siguientes tentempiés son ideales para ayudar a reequilibrar los niveles de azúcar en sangre a lo largo del día.

- Almendras, dátiles troceados y una manzana

- Fruta desecada (limite su consumo a una vez o dos a la semana) con un puñado de frutos secos variados

- Yogur natural desnatado (sin azúcar) con pipas de calabaza y germen de trigo

- Galletas de avena y germen de trigo con frutas desecadas, por ejemplo los albaricoques

- Pan integral o de avena con queso

- Aguacate con galletas de arroz o pan de centeno

- Verduras crudas con yogur o cuajada

- Barras de cereales (sin azúcar) con frutos secos y fruta desecada

- Hummus con pan integral o de avena

- Fruta con ajonjolí

Responda a este sencillo cuestionario para ver cómo gestiona su azúcar en sangre

Si el azúcar en sangre aumenta rápidamente, bajará de forma fulminante con la secreción de insulina, dejándonos cansados y con ganas de comer algo para recuperarnos. Esta «montaña rusa» de subidas y bajadas del nivel de azúcar afecta a nuestro nivel de energía y a nuestro estado de ánimo. Aprender a restablecer el equilibrio es uno de los principales factores para conseguir una buena salud.

1. ¿Siente que necesita dormir más de 7 horas cada noche?

2. ¿Se siente perezoso y pesado por la mañana?

3. ¿Necesita un estimulante para empezar el día (un té, un café o un cigarrillo)?

4. ¿Toma té o café regularmente a lo largo del día?

5. ¿Bebe refrescos (carbonatados) durante el día?

6. ¿Orina con frecuencia?

7. ¿Le sudan las manos?

8. ¿Fuma?

9. ¿Le apetece tomar una bebida alcohólica por la noche?

10. ¿Siente mucha sed pero no se le pasa bebiendo agua?

11. ¿Tiene sueño a lo largo del día?

12. ¿Siente grandes deseos de tomar algo dulce, pan o carbohidratos durante el día?

13. ¿No hace ejercicio porque se siente cansado?

14. ¿Pierde la concentración de vez en cuando?

15. ¿Se marea o se pone irritable si no come a menudo?

Si ha respondido «sí» a tres o más de estas preguntas, es posible que tenga un problema de gestión del azúcar en sangre. Pruebe a seguir nuestras recomendaciones para ver si experimenta alguna mejoría.

Si su puntuación es superior a cinco, los problemas de azúcar en sangre son más que probables. Siga nuestras recomendaciones. Si no observa ninguna mejoría, acuda a su médico y/o especialista en nutrición para una investigación más exhaustiva.

azúcar en sangre. También intervienen factores dietéticos, de modo que, si usted no duerme bien, vale la pena examinar qué alimentos ingiere durante las últimas horas del día.

Los alimentos con grasas saturadas, como los productos lácteos, las carnes rojas y los quesos fuertes, tardan mucho tiempo en digerirse, por lo que es aconsejable evitarlos por la noche. Es preferible tomar pescado a la plancha y verduras o platos con arroz y ensaladas, ya que suponen una menor carga para el aparato digestivo. Después de cenar, las infusiones de hierbas, como la menta (digestiva) y la manzanilla (relajante), son una alternativa perfecta al té o al café.

consejos de nutrición

Comer pescado con hortalizas verdes para cenar le ayudará a dormir bien, ya que estos alimentos son ricos en calcio y magnesio, necesarios para los procesos químicos del cerebro y para relajar nuestro cuerpo.

Los alimentos que contienen tiramina, un aminoácido presente en las hortalizas de la familia de las solanáceas, como los tomates, las berenjenas, el calabacín, las patatas y las espinacas, estimulan la producción de la hormona adrenalina, que puede dificultar el sueño. La tiramina también está presente en el alcohol, el tocino, el jamón y las salchichas, por lo que es aconsejable reducirlos al mínimo en la cena.

Los nutrientes específicos que se relacionan con los problemas de sueño son los minerales calcio y magnesio. Cualquier carencia de ambos puede desencadenar un insomnio leve o grave. Merece la pena consumir más alimentos que los contengan para ver si el sueño mejora. Incluya estos alimentos en la cena: brécol, coliflor, coles de Bruselas, caballa, guisantes, pollo, salmón, judías verdes y col rizada.

Existe otro aminoácido, el triptófano, producido por el cerebro para regular el sueño. Se halla en abundancia en los plátanos, el pavo, el atún, los higos, los dátiles, las mantecas de frutos secos y las galletas integrales. Si incluye estos alimentos en la cena, o los toma en pequeñas cantidades antes de acostarse, le ayudarán a dormir profundamente.

Síndrome premenstrual: el monstruo mensual

No todas las mujeres padecen el síndrome premenstrual; sin embargo, las que lo padecen lo suelen ver como un monstruo que se presenta con una regularidad cíclica y fatal, sin que puedan escapar de sus garras. En algunas mujeres, el síndrome premenstrual es puramente físico y les provoca una serie de síntomas, en especial dolor lumbar, calambres abdominales, hinchazón y molestias en los senos y retención de líquidos; pueden ser simplemente incómodos o llegar a ser extremadamente desagradables.

En otras mujeres, sin embargo, se dan también síntomas emocionales que convierten el síndrome premenstrual en una auténtica condena. Estos síntomas pueden empezar entre la mitad del ciclo y unos días antes del inicio de la menstruación. Para estas mujeres, la irritabilidad, los cambios de humor, las explosiones de cólera o de violencia e incluso los pensamientos suicidas son aspectos incontrolables, que las hacen volver introvertidas y antisociales. Suelen describir sus experiencias como «si otra persona estuviese en mi cabeza», y con frecuencia les sorprende su propio comportamiento, impropio de ellas. En muchos casos son sus maridos y compañeros sentimentales quienes identifican los síntomas con mayor rapidez y los atribuyen a su verdadera causa.

Equilibrio hormonal

Una de las principales causas del síndrome premenstrual es un desequilibrio de dos hormonas, el estrógeno y la progesterona. Si bien estos desequilibrios pueden ser «naturales», porque se dan sin ningún desencadenante externo, existen también muchos otros factores que provocan este síndrome.

Cada día nos exponemos a muchos productos (como los recipientes y los envoltorios de plástico) que tienen propiedades similares a las del estrógeno, por lo que pueden modificar los niveles normales del estrógeno que circula por nuestro organismo. El estrógeno desciende de forma natural a mitad del ciclo para que el nivel de progesterona aumente (la progesterona es la hormona que prepara el organismo para un posible embarazo), de modo que una cantidad excesiva de estrógeno rompe este delicado equilibrio.

La mala gestión del azúcar en sangre es otro factor que contribuye al síndrome premenstrual. Tomar una gran cantidad de azúcar, carbohidratos simples y alimentos procesados afecta negativamente al nivel de azúcar en sangre. Asimismo, una elevada ingesta de azúcar agota las reservas de magnesio, un nutriente primordial para la relajación muscular. Es por ello que los dolores y calambres menstruales pueden aliviarse tomando más alimentos ricos en magnesio, como los cereales integrales, las hortalizas de hojas verdes, los productos lácteos, el pescado y el marisco.

Las vitaminas del complejo B son necesarias para relajarse, reducir la sensibilidad de los senos y la retención de líquidos, para el buen funcionamiento de las glándulas y aliviar el estrés. Una buena fuente de ellas son los cereales integrales: mijo, centeno, alforfón y arroz.

El síndrome premenstrual y las ansias de comer

Las ansias de comer o de tomar algo son habituales durante el síndrome premenstrual y, por lo general,

incluyen el té, el café y el alcohol, que perturban la gestión del azúcar en sangre, la secreción hormonal y, en consecuencia, el estado de ánimo. Tomar pequeñas cantidades de comida durante el día reduce la ansiedad.

consejos de nutrición

Si le cuesta dormir por las noches, no luche contra ello. Levántese y prepárese un tentempié de dátiles con plátano, o un yogur natural desnatado con una cucharada de manteca de frutos secos. O, mejor aún, prepárese un «batido de medianoche» con todos estos ingredientes.

Antes de la menstruación, muchas mujeres sienten deseos de comer chocolate. La explicación es que el chocolate contiene una cantidad significativa de magnesio, además de satisfacer las demandas inmediatas de energía que produce el desequilibrio del azúcar en sangre. Sin embargo, es preferible tomar otros alimentos ricos en magnesio, como albaricoques, higos o melocotones, que satisfacen las ganas de comer algo dulce sin dejar de lado otros nutrientes esenciales. Combinar estos alimentos con una pequeña cantidad de alimentos proteicos, como las almendras (que también contienen magnesio) u otras semillas y frutos secos, ayuda a equilibrar el nivel de azúcar en sangre.

Niños hiperactivos

Existen varias causas posibles para la hiperactividad en los niños. Algunas tienen que ver con factores genéticos o ambientales; sin embargo, según parece, la causa más habitual, suele ser la relación entre el sistema nervioso y determinados alimentos.

Los síntomas clásicos de hiperactividad incluyen incapacidad para concentrarse en cualquier juego o tarea durante más de unos minutos, explosiones exageradas de energía seguidas de un agotamiento extremo, mal genio, comportamiento agresivo hacia los demás (niños y adultos) y facilidad para irritarse

Alimentos para la memoria y la concentración

Si está estudiando para los exámenes, pasa 10 horas al día en la oficina, está preparando
una presentación en público, conduce habitualmente o realiza alguna actividad que requiera
un esfuerzo de concentración, los alimentos que ingiera durante el día tendrán un efecto directo
sobre su memoria y su capacidad para concentrarse.

Las células del cerebro precisan **colina** para su funcionamiento óptimo. Cuando esta sustancia llega
al cerebro, se convierte en acetilcolina, un neurotransmisor responsable de enviar información desde
una célula cerebral hacia la siguiente. Un nivel bajo de acetilcolina provoca una pérdida de memoria que
puede ir desde el tradicional «lo tengo en la punta de la lengua» hasta una completa falta de memoria.
La colina también es necesaria para la formación y el mantenimiento de la cubierta de mielina que
protege las células nerviosas y asegura una transmisión rápida y exacta de la información.

Algunos alimentos ricos en colina son: el hígado de ternera, la col, la coliflor, el caviar, los huevos,
las lentejas y los productos de soja, como el tofu.

Otro neurotransmisor, la **dopamina**, requiere vitamina B3 y hierro para su formación.
La dopamina interviene en el proceso de fijar y conservar los recuerdos.

Algunas fuentes ideales de vitamina B3 son: la levadura de cerveza, el pavo, el halibut, las pipas
de calabaza y los cacahuetes. Algunos alimentos ricos en hierro son el hígado de ternera,
los albaricoques (especialmente desecados), las pasas, las pipas de calabaza y las nueces.

Las vitaminas del complejo B (B1, B2, B3, B5, B6, B12, biotina y B9, ácido fólico) son necesarias
para nuestra la memoria. Algunos síntomas que indican una carencia de esas vitaminas son la pérdida
de memoria, la dificultad para aprender y los olvidos frecuentes. Las vitaminas del complejo B son
esenciales para la producción de la energía celular, especialmente en las células cerebrales.

Algunas buenas fuentes de estas vitaminas son: la levadura de cerveza, el pollo, las berzas,
la col rizada, la avena, la soja, el pescado, el aguacate y las patatas.

y frustrarse. El niño también puede mostrarse más torpe de lo habitual, agitado durante las comidas y presentar fracaso escolar. Los repetidos intentos de animar al niño para que se concentre, aunque sólo sea durante unos minutos, acostumbran a ser irritantes e inútiles.

El control de la alimentación puede ser de gran ayuda en el tratamiento de la hiperactividad. Los niños responden muy rápidamente a los cambios en la dieta y en el entorno. Por ello, los alimentos que afecten al niño se delatarán inmediatamente si se sigue un plan consistente en eliminar el alimento de la dieta durante unas cuantas semanas para luego reintroducirlo. Este sistema para tratar a los niños hiperactivos es probablemente una de las formas más eficaces de utilizar la alimentación como terapia.

El primer paso consiste en llevar un diario alimentario para determinar qué alimentos parecen tener un mayor efecto. Para controlar los cambios en el comportamiento es esencial eliminar todos los alimentos azucarados, procesados y envasados, las bebidas artificiales con sabor a frutas y los zumos y refrescos carbonatados. Los alimentos con colorantes, aditivos y una gran cantidad de azúcar pueden perturbar los procesos químicos del cerebro, lo que afecta de forma más drástica a unos niños que a otros.

Además, los salicilatos (compuestos que se encuentran de forma natural en algunos alimentos y actúan como la aspirina) han demostrado ser una de las principales causas del trastorno de los delicados procesos químicos que se dan en el cerebro del niño. Los salicilatos abundan en los albaricoques, las almendras, las manzanas, las cerezas, las pasas de Corinto, todas las bayas, los melocotones, las ciruelas, los tomates y las naranjas. En muchas ocasiones, con sólo eliminar de la dieta los cítricos y

el zumo de naranja puede lograr un efecto profundo sobre el comportamiento del niño. Los ácidos grasos esenciales también juegan un papel importante en el tratamiento de la hiperactividad. Son necesarios para la transmisión nerviosa, por lo que cualquier desequilibrio o carencia de los mismos puede afectar a la comunicación sensitiva que se produce desde un terminal nervioso al siguiente. Una dieta rica en azúcar puede interferir en la utilización de las grasas esenciales, causando una transmisión nerviosa incorrecta o incompleta. Los niños hiperactivos suelen presentar una carencia de los ácidos grasos esenciales del grupo omega-3, por lo que se recomienda aumentar la ingesta de alimentos que los contengan. Los pescados azules como el atún, las sardinas, el salmón y la caballa son ricos en grasas omega-3, al igual que los aceites de pipas de calabaza y de girasol (que pueden emplearse como aderezo, pero nunca calentarse).

La dieta de un niño hiperactivo suele carecer de hortalizas verdes ricas en magnesio, lo que rompe el delicado equilibrio entre el calcio y el magnesio, necesario para un funcionamiento óptimo del cerebro y del sistema nervioso. El brécol, los guisantes, la coliflor, las espinacas y los higos ayudan a aumentar la ingesta de magnesio, al igual que los cereales integrales, como la avena y el arroz integral.

Pueden existir otras causas que provoquen la hiperactividad. Si, tras modificar la dieta de su hijo como hemos indicado, no nota usted ningún cambio significativo en su comportamiento, pueden considerarse los factores ambientales y tóxicos. Es aconsejable acudir a un especialista en este campo, ya que existen pruebas para determinar si la causa debe atribuirse a elementos tóxicos. Otros factores influyentes son las lesiones físicas, como una caída, que pueden haber provocado daños no visibles. Pida siempre consejo a un profesional médico.

controlar
el estrés

El estrés es una palabra habitual en nuestros días. Sin embargo, ¿sabe realmente qué significa? Para funcionar con la máxima eficacia, el organismo siempre se esfuerza en lograr un equilibrio perfecto en todos sus procesos. El estrés implica la perturbación de esta armonía. El organismo tiene que trabajar duro para combatir el bombardeo constante de estrés físico y emocional.

El estrés es inevitable y puede adquirir muchas formas. Es difícil concebir la vida sin él; a todos nos estresan ciertas cosas en distintos momentos. Existen dos tipos de estrés, el interno y el externo. El estrés externo (exógeno), que es el que nos resulta más familiar, se impone al cuerpo desde fuera. El estrés interno (endógeno) se da en el interior del cuerpo. Ambos se describen en la tabla de la derecha.

Una respuesta antigua al estrés moderno

Para comprender cómo el estrés puede afectar negativamente al organismo, debemos mirar hacia el pasado. La supervivencia de los primeros seres humanos dependía de su habilidad para cazar y escapar de los depredadores. Ante la amenaza de un ataque, el cuerpo reacciona instantáneamente segregando hormonas estresantes que desencadenan el flujo de energía hacia los órganos que juegan un papel más importante en la defensa del cuerpo. Es lo que se conoce como la respuesta de «luchar o huir». Aunque actualmente, por lo común, no nos enfrentemos a animales salvajes, seguimos reaccionando de este modo ante cualquier amenaza o reto que percibimos. Cuando se segregan las hormonas, el cerebro se pone más alerta y los cinco sentidos adquieren una mayor percepción.

Identifique lo que le estresa

Estrés externo	Estrés interno
• Contaminación	• Alergias e intolerancias alimentarias
• Grasas hidrogenadas	• Enfermedad autoinmunológica
• Tabaco y alcohol	• Residuos metabólicos
• Exposición excesiva al sol	• Colesterol elevado
• Exceso de trabajo	• Desequilibrios del azúcar en sangre (y diabetes)
• Problemas emocionales	• Desequilibrios hormonales
• Pérdida de seres queridos	• Carencias nutritivas
• Divorcio/separación	• Depresión causada por un desequilibrio químico

Al mismo tiempo, la glucosa almacenada en el hígado se libera para servir de combustible a los músculos del esqueleto.

Las patatas son una rica fuente de vitamina C, beneficiosa para el sistema adrenal.

55

Existen siete cambios principales que se producen en el cuerpo cuando éste reacciona ante el estrés, relacionados con la capacidad de «luchar o huir» para reaccionar ante el peligro. Son los siguientes:

1 El ritmo cardíaco se acelera para bombear más sangre y aportar los nutrientes esenciales para la producción de energía.

2 El ritmo de la respiración aumenta para aportar más oxígeno a la sangre y eliminar más dióxido de carbono.

3 Los vasos sanguíneos que abastecen al corazón y a los músculos se dilatan para poder transportar

7 La digestión se hace más lenta y se detiene la secreción de enzimas digestivas, dejando así más energía disponible para los músculos y el cerebro.

Como vemos, la reacción de «luchar o huir» dispone el cuerpo para la acción y está diseñada para hacerlo durante un breve espacio de tiempo. Sin embargo, si el cuerpo se mantiene en este estado de alerta máxima durante períodos prolongados puede verse perjudicada su integridad física y emocional. ¡Es como poner el coche en punto muerto y pisar a fondo el acelerador con un pie mientras con el otro se pisa el freno!

Cuando esto sucede, el cuerpo intenta restablecer su equilibrio y armonía naturales, de modo que ajusta

Los efectos del estrés a largo plazo implican que vivamos constantemente en tensión, gastando nuestras preciosas reservas energéticas.

una mayor cantidad de oxígeno, glucosa y nutrientes hacia esas zonas vitales.

4 El bazo produce más sangre, generando así más células inmunológicas. La propia sangre aumenta su capacidad de coagulación en caso de herida.

5 El hígado libera más glucosa en la sangre para proporcionar más energía.

6 Las pupilas se dilatan, dejando entrar más luz en el ojo para mejorar la visión.

sus parámetros y se adapta al estrés. Por ejemplo, puede modificar la presión arterial, dejándola más alta de lo habitual, o reajustar los niveles de glucosa en sangre para que se reduzcan continuamente. Ambos fenómenos, obviamente, son potencialmente peligrosos.

Pero volvamos a nuestros antepasados. Tras un período de estrés, nuestros antepasados descansaban para que el cuerpo pudiese restablecer su equilibrio. Todos los síntomas de la respuesta de «luchar o huir» remitían, restableciendo los niveles normales de las hormonas, de glucosa en sangre y la digestión. Actualmente, no nos podemos permitir el lujo de tomarnos un tiempo para recuperarnos. Nuestros factores estresantes son tan abundantes, y continuos, que nuestro organismo termina en un estado permanente de reacción de «luchar o huir», sin un momento de respiro. El resultado a largo plazo es que siempre estamos acelerados y gastamos nuestras preciosas reservas de glucosa y energía. Nuestro cuerpo nunca tiene la oportunidad de reequilibrarse, y finalmente pueden producirse cambios fisiológicos. En el recuadro inferior aparecen algunos de los efectos fisiológicos más habituales del estrés. Además de todo ello, algunos de los alimentos que elegimos para comer aumentan

de vista. Tomemos como ejemplo hablar en público, algo que aterroriza a muchas personas. La primera vez que se enfrente a ello, probablemente experimentará estrés: puede que le suden las manos y que note una brusca subida del nivel de adrenalina. Esto es estrés. Sin embargo, la segunda o tercera vez que hable en público, los nervios iniciales disminuirán y es más probable que afronte la tarea con tranquilidad. Por tanto, el estrés que experimente será mucho menos acusado. La situación es la misma, sólo ha cambiado la interpretación que se hace de ella. Si reconocemos el estrés y comprendemos que puede modificarse, hallaremos una forma de minimizarlo.

Síntomas de estrés. Algunos efectos fisiológicos del estrés son:

- Inmunosupresión que provoca frecuentes gripes y resfriados
- Ansias de comer determinados alimentos
- Pérdida de peso
- Fatiga crónica
- Pérdida del apetito
- Cambios de humor
- Depresión
- Ansiedad
- Irritación cutánea

el estrés que soporta nuestro organismo sobrecargado y exhausto, agotando los niveles de energía y aportando un nivel insuficiente de nutrientes.

Interpretar el estrés emocional
Resulta interesante ver cómo cada persona experimenta el estrés emocional de una forma distinta. Lo que es estresante para usted puede que no suponga ningún problema para otra persona. El estrés de una determinada situación puede atenuarse si decidimos verlo desde otro punto

Alimentos estresantes
Los alimentos que no nos resultan especialmente beneficiosos, o que nos producen una alergia, pueden provocarnos estrés. Del mismo modo, una mala digestión, provocada por unos malos hábitos alimentarios o por infecciones bacterianas o parasitarias, aumenta las probabilidades de que la pared intestinal se vuelva permeable (véase pág. 71), dejando penetrar en la sangre partículas de alimentos no deseadas. Esto desencadena una respuesta inmunológica, que, cuando se produce a diario, sobrecarga las glándulas adrenales. Irónicamente,

se forma un círculo vicioso, ya que las glándulas adrenales responden ante el estrés liberando una mayor cantidad de otra hormona, el cortisol, que intenta restablecer el desequilibrio. Uno de los efectos secundarios de una liberación excesiva y repetida de cortisol es un trastorno digestivo. Así, el círculo vicioso se perpetúa y supone un riesgo cada vez mayor para la salud.

Tomarse la vida con optimismo también puede ayudar a reducir el estrés. ¿Qué más da que esté atrapado en un atasco? No es culpa suya, o sea que póngase música o hable con sus compañeros de viaje. Haga lo que esté en su mano para resolver la situación; llame por teléfono móvil a quien le esté esperando para explicarle el motivo de su retraso, por ejemplo. Y, si no puede hacer nada, acéptelo.

Estrés, alimentos y nutrición

¿Y qué podemos hacer al respecto? Aunque no podamos influir sobre muchos de los factores externos que provocan estrés, por lo menos podemos ayudar a nuestro cuerpo a sobrellevar sus efectos.

Determinados nutrientes han demostrado ser útiles para tratar el estrés y, al mismo tiempo, ayudar a los órganos que intervienen en esta reacción. Por ejemplo, los Cinco Guerreros (las vitaminas A, C y E y los minerales zinc y selenio) pueden desarmar a los radicales libres que se producen en el organismo en situaciones de estrés. Algunos alimentos que contienen estos antioxidantes son las ciruelas, los tomates, el kiwi, las hortalizas de color verde oscuro, el marisco, el ajonjolí y las pipas de calabaza.

El estrés y el sistema inmunológico

Es un hecho bien conocido y documentado que las personas que sufren estrés son más propensas a enfermar. Esto se debe al efecto debilitador que ejerce sobre el sistema inmunológico un estrés prolongado.

En las épocas de mayor estrés cogemos más resfriados e infecciones, y, en los casos más graves, el organismo no ataca a las células precancerosas con la misma eficacia que en las épocas de mayor descanso y relajación. El mayor estado de alerta del cuerpo reduce la capacidad del sistema inmunológico para combatir las infecciones, ya que el organismo lo estima menos importante que afrontar el peligro inmediato que percibe. Se suprime la producción de las células combatientes y de las células T del sistema inmunológico, permitiéndose que proliferen los invasores. Como puede verse, durante los períodos de estrés es muy importante estimular el sistema inmunológico.

Las hormonas del sistema inmunológico

Dos hormonas juegan un papel determinante en el sistema inmunológico durante los períodos de estrés: la dehidroepiandrosterona (DHEA) y el cortisol. Los investigadores han constatado que muchas personas que padecen enfermedades crónicas presentan un nivel reducido de DHEA y un nivel elevado de cortisol (los niveles de ambas hormonas son fácilmente detectables mediante un sencillo test de saliva). El descenso del nivel de DHEA puede tener muchas causas. El estrés actúa sobre las glándulas adrenales, provocando que produzcan más cortisol, en detrimento de la DHEA. Este desequilibrio puede acarrear consecuencias para el organismo, además de una supresión inmunológica. Los niveles de DHEA descienden con la edad, y se supone que a partir de los setenta años producimos apenas el 20 por ciento de la que segregamos hasta los 30 años. Esta reducción se ha asociado a un aumento de la acumulación de grasa (especialmente en el abdomen), apetito permanente, insomnio, falta de interés por el sexo y una mayor incidencia de alergias e infecciones.

Si experimenta usted alguno de estos síntomas, pida a un especialista en nutrición o a su médico

En los casos más graves, en los que el estrés ha sido prolongado, las glándulas adrenales reducen la producción tanto de DHEA como de cortisol. Este estado se conoce como insuficiencia o agotamiento adrenal. Cuando esto sucede, puede ser necesario un suplemento temporal de ambas hormonas cuidadosamente combinada con nutrientes vegetales específicos, como regaliz y ginseng siberiano. Este programa debe ser diseñado y supervisado por un especialista en nutrición.

que analice sus niveles de DHEA y cortisol. Si éstos son bajos, restableciendo un nivel adecuado de DHEA conseguirá beneficios tales como unos mejores niveles de colesterol, una mejor salud ósea y una mejor relación entre la masa muscular y la

Controlar el estrés a través de la dieta

¿Cómo podemos empezar a controlar el estrés? Aunque probablemente no podamos eliminar muchos de los factores estresantes externos

Algunos alimentos estresan nuestro organismo. La carencia de cualquier nutriente supone un estrés en sí misma, ya que dificulta todos los procesos enzimáticos que dependen de él.

grasa. El cortisol puede ser una hormona peligrosa. Un nivel elevado de esta hormona puede comprometer la función tiroidal, perjudicar el funcionamiento de las articulaciones y reducir el nivel de energía. Asimismo, un nivel excesivo de cortisol provoca una degeneración muscular y ósea y puede desembocar en una osteoporosis (enfermedad que consiste en un debilitamiento de los huesos).

Aumentar la DHEA y reducir el cortisol

El equilibrio entre la DHEA y el cortisol puede restablecerse tomando los alimentos recomendados en la tabla de alimentos antiestresantes (véanse págs. 60-61), que mejoran el funcionamiento de las glándulas adrenales, y mediante técnicas de relajación como la meditación y el yoga.

que se dan en nuestra vida, sí podemos cambiar nuestros hábitos alimentarios y nuestro estilo de vida.

Algunos alimentos que consumimos estresan nuestro organismo. La carencia de cualquier nutriente supone un estrés en sí misma, ya que dificulta todos los procesos enzimáticos que dependen de él. Para el buen funcionamiento de las glándulas adrenales, el organismo necesita las siguientes vitaminas y minerales esenciales: vitaminas B5 y C y magnesio. Para ayudar a controlar los efectos del estrés al que se ve expuesto diariamente, es esencial que incluya en su dieta una gran cantidad de alimentos que contengan estos nutrientes. Las glándulas adrenales necesitan vitamina C en abundancia. Sin embargo, ésta es la única vitamina que no podemos almacenar en nuestro cuerpo, por lo que necesitamos un aporte regular y diario procedente de la dieta. Los alimentos más ricos en vitamina C son las bayas rojas y negras, el kiwi y los cítricos, así como las patatas y los pimientos, todos ellos productos fáciles de encontrar en cualquier tienda de comestibles.

En períodos de estrés extremo, la necesidad de esta vitamina esencial se multiplica varias veces. Uno de los síntomas más habituales que produce la carencia de esta vitamina son las úlceras y las inflamaciones en la boca, que pueden aliviarse en 24 horas con un suplemento adecuado de vitamina C.

alimentos que tienen un efecto negativo y que, de hecho, lo aumentan. El consumo excesivo de azúcares y carbohidratos refinados agota las reservas de muchos nutrientes, además de obligar al páncreas a producir grandes cantidades de insulina (véase Gestión del azúcar en sangre, pág. 44). Con el paso del tiempo, el páncreas se cansa y trabaja con menos eficacia, lo que en algunos casos provoca una diabetes de inicio en la edad adulta (tipo 2).

Eliminar o reducir la ingesta de azúcar puede tener asimismo un efecto profundamente beneficioso para el hígado, ayudándole a desempeñar su función

Alimentos antiestrés

Hoy en día, con los exigentes horarios laborales, el tiempo necesario para una comida relajada y nutritiva es un lujo al alcance de pocos. De modo que, por la mañana, prepárese varias mini-comidas nutritivas para llevárselas al trabajo. Los siguientes tentempiés son fáciles y rápidos de preparar y pueden comerse «sobre la marcha».

Panecillos integrales untados con paté de caballa ahumada

Una tostada de centeno con manteca de almendra

Ensalada de espinacas con pipas de girasol

El magnesio es el principal mineral que precisan las glándulas adrenales, por lo que es necesario tomar a diario alimentos ricos en magnesio. Entre estos alimentos se encuentran los cereales, las hortalizas verdes con hojas, la soja, el germen de trigo, las almendras, el bacalao y la caballa. Algunos alimentos ricos en vitamina B5 son los cereales integrales, las hortalizas verdes con hojas y los productos animales y lácteos.

De todos modos, si existen alimentos buenos para el estrés, de ello se deduce que también hay

depuradora con mayor eficacia. El hígado es el principal órgano depurador del organismo. Su trabajo consiste en filtrar continuamente la sangre para eliminar todas las toxinas potencialmente dañinas, las sustancias residuales y los desechos producidos por los procesos naturales. Por tanto, reducir la ingesta de alimentos que sobrecarguen el hígado supondrá una ayuda inestimable para su buen funcionamiento. Asimismo, las bebidas estimulantes como el té, el café y el alcohol sustraen nutrientes del organismo y estimulan la producción de adrenalina, por lo que reducir su ingesta es un paso positivo para controlar el estrés.

No hace falta decir que es una buena idea limitar o eliminar la ingesta de comidas refinadas, procesadas y precocinadas, ya que contienen muchos conservantes artificiales, sal y azúcar, y su valor nutritivo acostumbra a ser muy bajo.

Plan desestresante de fin de semana

Para conseguir más energía y depurar un organismo estresado, resérvese un largo fin de semana en el que pueda permitirse permanecer inactivo. Llene su

el hígado y estimula la producción de bilis para limpiar cualquier acumulación que se haya producido en el conducto biliar. Esto es especialmente beneficioso tras un exceso de comida y/o bebida.

Pueden hacerse zumos prácticamente de todas las verduras, además de las frutas. Debe proponerse beber tres o cuatro zumos de hortalizas cada día. Las mejores para tomar en zumo son el berro, el perejil, las espinacas, los calabacines, los pimientos verdes y la lechuga. Como la fruta es rica en fructosa, es aconsejable diluir los zumos al 50 por ciento en agua.

atido de soja con bayas escas

Ensalada de patatas con filetes de arenque en escabeche

Ensalada de fresas y kiwi con crema de soja

Crema de mango con leche de soja y pipas de girasol

despensa de fruta y verdura fresca y de agua mineral en abundancia. Durante el fin de semana, intente comer y beber únicamente alimentos crudos: le aportarán una gran cantidad de nutrientes que le ayudarán a combatir el estrés.

Empiece cada mañana con tres tazas de agua hervida, y bébala tan caliente como pueda sin quemarse. Puede añadir una rodaja de limón o bien 2 o 3 rodajas de jengibre crudo al agua para darle sabor, pero debe tomarla en ayunas. Este tónico tiene un efecto depurativo sobre

Pase muchas horas descansando, dé paseos relajados y duerma tanto como pueda. Hacia el segundo día es posible que experimente dolor de cabeza o dolores musculares, pero no se trata de un síntoma negativo: indica que su organismo se está desintoxicando. Recuerde que obtendrá los beneficios al inicio de la siguiente semana: ¡se sentirá como si se hubiese ido de vacaciones! Beba agua en abundancia a lo largo del día. También puede pedir hora para que le practiquen un masaje de shiatsu o de aromaterapia, una forma muy agradable de ayudar al proceso de depuración.

controlar la depresión

La depresión es un problema frecuente. De hecho, su prevalencia es tan elevada en Occidente que los nombres de algunos fármacos antidepresivos le suenan a casi todo el mundo. La depresión y la ansiedad pueden tener muchas causas, pero quizá le sorprenda saber que pueden originarse como una reacción ante ciertos alimentos.

Todos nos sentimos deprimidos de vez en cuando, pero habitualmente podemos asociar nuestra tristeza a algún hecho o circunstancia determinados. Sin embargo, muchas personas padecen una depresión sin que exista ningún motivo aparente. Estas depresiones pueden ir desde un ligero decaimiento hasta una tristeza permanente y, en casos extremos, llegar a una incapacidad para disfrutar de la vida y a una falta de motivación para vivir. El decaimiento acostumbra a ser pasajero y remite cuando varían las circunstancias o nuestra actitud mental. Sin embargo, los tres últimos casos enunciados son más graves y requieren atención y tratamiento.

Los alimentos influyen sobre la química del cerebro. Algunos producen una sensación de bienestar, mientras que otros pueden dejarnos decaídos y suprimir las emociones positivas. Irónicamente, muchos de los alimentos que nos hacen sentir bien no son especialmente beneficiosos para nuestra salud y, por lo tanto, conviene conseguir un equilibrio saludable.

Los carbohidratos y el estado de ánimo

Cuando ingerimos alimentos que contienen carbohidratos y azúcar, éstos estimulan la absorción de triptófano en el cerebro. El triptófano es un aminoácido contenido en los alimentos proteicos que tiene la propiedad de elevar el ánimo. Tomar carbohidratos ayuda a una mejor absorción del triptófano. Los plátanos, el pavo, el queso fresco y los dátiles secos son ricos en esta sustancia.

Todos los impulsos nerviosos del cerebro se transmiten entre las células nerviosas mediante unas sustancias denominadas neurotransmisores. El triptófano es un precursor del neurotransmisor

Cuestionario sobre la depresión

Responda a este cuestionario para determinar la posibilidad de que padezca una depresión.

- ¿Le cuesta levantarse por las mañanas?
- ¿Tiene problemas para concentrarse?
- ¿Ha sufrido una pérdida importante o una ruptura reciente?
- ¿Le falta energía para participar en las actividades que normalmente le interesan?
- ¿Ha perdido el apetito?
- ¿Siente grandes deseos de ingerir alimentos dulces?
- ¿Llora sin ningún motivo aparente?
- ¿Vive en una región en la que no acostumbra a hacer sol?
- ¿Se siente abatido o no le encuentra ningún sentido a la vida?

Si ha contestado afirmativamente a tres o más preguntas, puede que sufra una depresión.

Acuda a su médico y si le diagnostica una depresión, trabaje conjuntamente con él y con un especialista en nutrición.

denominado serotonina, cuya carencia se ha asociado a la depresión y a la ansiedad. Los antidepresivos ejercen un efecto sobre los niveles de serotonina en el cerebro. Este tipo de antidepresivo forma parte de un grupo de fármacos denominados inhibidores selectivos de la recaptación de serotonina (ISRS). Actúan inhibiendo la recaptación de serotonina en el cerebro, permitiendo que ésta se encuentre disponible y favoreciendo así una sensación de bienestar.

La vitamina B6 también interviene en la síntesis de la serotonina. Una dieta rica en alimentos que contengan vitamina B6 (véase tabla) puede ayudar a tratar una depresión leve.

No es ninguna coincidencia que cuando estamos deprimidos tengamos tendencia a tomar alimentos dulces, como helados, chocolate o pasteles. Estos alimentos tienen una influencia directa sobre los procesos químicos cerebrales. Piense en lo que sucede cuando nos ponemos a régimen: eliminamos estos alimentos ricos en carbohidratos, lo que nos provoca de forma inevitable el ansia de tomarlos. A medida que nuestro humor empeora, cada vez los deseamos más y, finalmente, el régimen acaba fracasando.

La dopamina y la depresión

Los niveles bajos de dopamina se han asociado con la incidencia de la depresión, mientras que unos niveles elevados pueden proporcionar una sensación de bienestar. Aunque no sea estrictamente un neurotransmisor, la dopamina actúa del mismo modo, ayudando a que los impulsos nerviosos del cerebro crucen los minúsculos espacios que los separan.

La dopamina se sintetiza a partir de la tirosina, un aminoácido que se encuentra en los alimentos proteicos. Para su producción son necesarias las vitaminas B12 y B9 (más conocida como ácido fólico), así como el magnesio.

Algunos alimentos ricos en tirosina son las almendras, los aguacates, los plátanos, el queso fresco, las judías, los cacahuetes (crudos y sin sal), las pipas de calabaza y el ajonjolí. Entre los alimentos ricos en vitamina B12 se encuentran el pescado, los productos lácteos y la espirulina (si bien aún no está claro que los humanos podamos absorber la vitamina B12 de la

Alimentos ricos en vitamina B

Vitamina B1 (tiamina)

Levadura de cerveza, arroz integral, germen de trigo y soja

Vitamina B3 (niacina o niacinamida)

Pescado, huevos, levadura de cerveza, cereales integrales y aves

Vitamina B6

Cereales integrales como mijo, alforfón y avena, además de mariscos como gambas, langosta y mejillones

Vitamina B12 (cianocobalamina)

Pescado y productos lácteos

El papel del zinc

Existe una estrecha relación entre el nivel de zinc y la depresión. Con mucha frecuencia acuden a nosotros pacientes con ansiedad y depresión que muestran síntomas de una carencia de zinc. La depresión posparto también se ha atribuido a un descenso del nivel de zinc, ya que las reservas de esta sustancia se transmiten de la madre al feto aproximadamente un día antes del parto. El zinc es imprescindible para el crecimiento y el sistema inmunológico del recién nacido. Restablecer el zinc que ha perdido la madre tras el parto puede ayudar a vencer la depresión.

Respondiendo a las preguntas de la derecha puede comprobar fácilmente si sus niveles de zinc son adecuados. Si decide aumentar la ingesta de zinc, tenga en cuenta que el total no debe superar los 50 mg por día (incluido el que tome en forma de suplementos multivitamínicos). Le sugerimos que consulte a un especialista en nutrición antes de tomar ningún suplemento.

Algunos alimentos ricos en zinc son las ostras, las endibias, los brotes de alfalfa, las algas, el arroz integral, los espárragos, las setas, el pavo y los rábanos.

Compruebe su nivel de zinc

Compruebe su nivel de zinc respondiendo a las siguientes preguntas.

- ¿Tiene marcas blancas en las uñas?

- ¿Casi nunca tiene hambre?

- ¿Tiene la piel pálida?

- ¿Su piel es grasa y, quizás, con algo de acné?

- ¿Tiene estrías en el abdomen o en la espalda?

- ¿Padece resfriados o gripe con frecuencia?

Si ha contestado afirmativamente a dos o más de estas preguntas, es posible que tenga una carencia de zinc. En ese caso, le recomendamos que incluya algunos alimentos ricos en zinc en su dieta. Los niveles de zinc pueden determinarse de forma más exacta analizando un pequeño corte del vello de la nuca. La mayoría de especialistas en nutrición podrán practicarle esa prueba. Su realización es sencilla y relativamente barata.

espirulina). Algunos alimentos ricos en ácido fólico son el hígado de ternera, la harina de soja, las hortalizas verdes (especialmente el brécol), los huevos y el arroz integral. Por su parte, el magnesio se encuentra en las pipas de girasol, las hortalizas verdes, el germen de trigo, la soja, el pez espada y el bacalao.

La depresión y las carencias de nutrición

Existe una correlación entre los niveles de ciertas vitaminas (especialmente las del complejo B) y la depresión. Se ha comprobado que las personas que tienen este problema presentan unos niveles bajos de estos nutrientes en el plasma sanguíneo, y muchos pacientes han mostrado una mejoría en sus síntomas al aumentar la ingesta de alientos ricos en vitaminas del complejo B. La vitamina B3 ha demostrado ser la más eficaz para el tratamiento de la depresión, juntamente con la B6 y el zinc. Coma diariamente alimentos ricos en vitaminas B para ver si le ayuda a mejorar el ánimo.

La depresión y las alergias alimentarias

Muchas personas acuden a nosotros para que les aconsejemos sobre cómo afrontar la depresión. En muchas ocasiones, la causa es una simple alergia o intolerancia alimentaria que, una vez identificada, permite resolver fácilmente el problema. Los síntomas pueden variar desde la aparición de círculos oscuros bajo los ojos hasta problemas en la piel, pasando por insomnio, irritabilidad y ansiedad.

Los alimentos ofensivos pueden determinarse mediante un simple análisis de sangre. Sin embargo, en muchos casos es más fácil eliminar de la dieta uno o bien todos los alérgenos más probables. En nuestra experiencia, este proceso de eliminación y sustitución ha dado resultados muy notables.

Los alérgenos más habituales en Europa son el trigo, los productos lácteos y los cítricos, mientras que en los Estados Unidos el maíz sustituye al trigo como alérgeno con mayor prevalencia (véase págs. 91-97). Los responsables pueden ser muchos otros alimentos, como las comidas «rápidas», la repostería industrial, los colorantes y los aditivos. Sin embargo, hemos constatado casos en los que los responsables eran alimentos menos sospechosos, como el apio o los tomates.

Un ejemplo de una alergia alimentaria estrechamente vinculada a la depresión es la alergia al gluten, que provoca la enfermedad celiaca (véase pág. 74). Si las personas extremadamente sensibles a los cereales con gluten no los eliminan de su dieta, tienen más probabilidades de sufrir una depresión.

Si bien hemos visto cómo algunos pacientes con depresión han obtenido unos excelentes resultados evitando determinados alimentos, le aconsejamos que acuda al médico, sobre todo si ha estado deprimido durante un período prolongado.

consejos de nutrición

Nuestras abuelas sabían que comer una manzana al día era algo muy sano, y sigue siendo cierto en la actualidad. Las manzanas contienen pectina, que ayuda a eliminar el plomo del tracto intestinal, algo muy importante para las personas que viven en zonas urbanas con mucho tráfico.

Consejos para combatir la depresión

• Una mala circulación puede hacer descender el nivel de oxígeno y de nutrientes que necesita el cerebro, de modo que levántese y muévase. Los problemas de circulación se describen con más detalle en la página 114.

• Puede mejorar la circulación tomando alimentos ricos en los «cinco guerreros antioxidantes» (las vitaminas A, C, E y los minerales selenio y zinc), presentes en la fruta y la verdura fresca, el pescado y los cereales. El hierro también es necesario, ya que es vital para la formación de los glóbulos rojos que transportan los nutrientes en la sangre. Las vísceras (como el hígado) son ricas en hierro, al igual que los albaricoques y las pasas.

• El nivel de azúcar en sangre suele ser un factor importante en la depresión (véase Gestión del azúcar en sangre, pág. 44). Aprendiendo a elegir alimentos que liberen sus azúcares de forma uniforme a lo largo del día podremos evitar los altibajos de la «montaña rusa» del nivel de azúcar. Consuma alimentos que contengan carbohidratos complejos, presentes en todos los cereales y hortalizas, combinados con una pequeña cantidad de proteína de alimentos de origen animal, productos lácteos, frutos secos o semillas, que le ayudarán a mantener un nivel de azúcar equilibrado a lo largo del día.

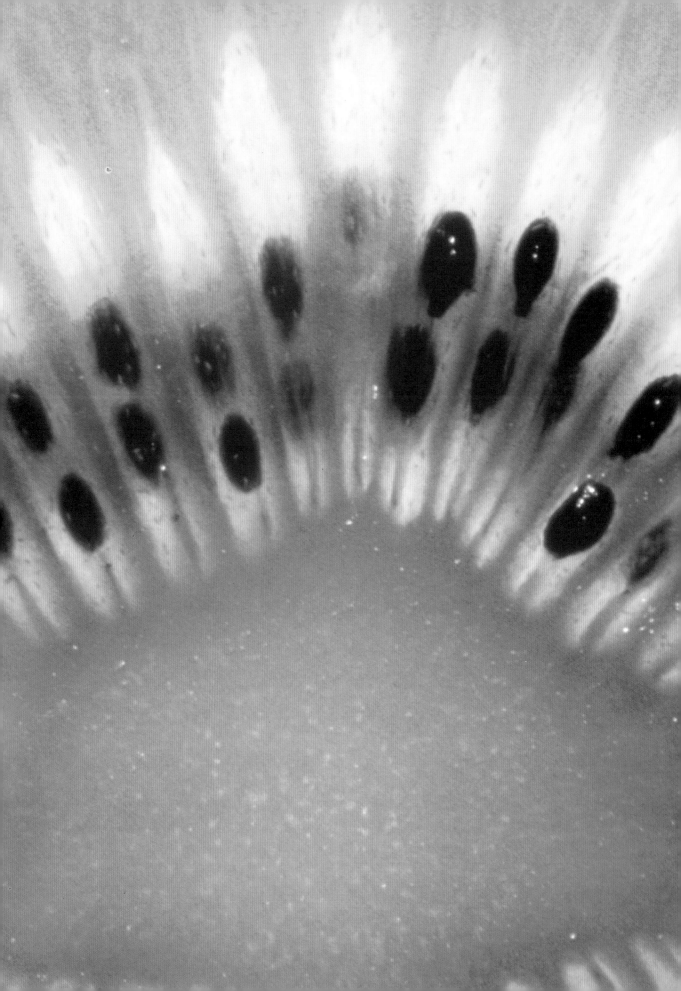

segunda parte
Afecciones y remedios

el aparato digestivo

La digestión es un proceso complejo que el organismo realiza a todas horas prácticamente sin interrupción: tanto si estamos durmiendo como trabajando, haciendo ejercicio o descansando. Sin embargo, el estrés interfiere en los procesos digestivos, haciéndolos más lentos o incluso deteniéndolos por completo.

Durante la respuesta de «luchar o huir», el aparato digestivo se paraliza para dejar más energía disponible para otras necesidades más inmediatas, como moverse, atacar o defenderse. Este fenómeno nos ayuda a comprender la presión que sufre nuestro aparato digestivo cuando comemos mientras hacemos otras cosas.

El tipo de comidas que consumimos también puede favorecer o perturbar el proceso digestivo. Los alimentos como la fruta, la verdura, los cereales integrales, los frutos secos, las semillas y las proteínas de la clase A (véase pág. 45) favorecen una buena digestión. Una dieta rica en grasas saturadas, carne, azúcar, cafeína y comidas procesadas hace más lenta la digestión, afectando a la salud en general y reduciendo los niveles de absorción de los nutrientes esenciales.

El proceso digestivo

Para comprender los trastornos digestivos, es necesario saber cómo trabaja el aparato digestivo. El proceso de digestión se inicia nada más oler la comida. El cerebro envía mensajes a las glándulas salivales de la boca para que segreguen enzimas digestivas complementarias. Ésta es la razón por la que salivamos más al pensar en comida.

Estas enzimas digestivas son abundantes y potentes, y reducen rápidamente la mayoría de los carbohidratos (como la fruta, la verdura y los cereales) a una pulpa, en conjunción con el proceso de masticación. La carne, los frutos secos y otras proteínas son más difíciles de disgregar y requieren enzimas más potentes y ácidas, como las que se hallan presentes en el estómago. Es importante masticar bien para romper las partículas sólidas, aumentar la producción de enzimas salivales y mantener los dientes limpios y afilados. La mayoría de las personas no mastican bien los alimentos, con lo que ponen una mayor carga sobre el aparato digestivo y facilitan la aparición del ardor de estómago y de la indigestión.

El estómago es la piedra angular de todo el proceso digestivo. Se sitúa detrás de las costillas y llega hasta el centro del esternón. No existen dos estómagos iguales: la postura, el peso y la altura del individuo influyen sobre su forma. Comer sentado y con la espalda erguida asegura que el estómago tenga espacio suficiente para desempeñar sus funciones. El estómago segrega ácido clorhídrico, y es la zona más ácida del organismo (segrega también una abundante mucosidad para proteger

El jengibre ayuda a tratar la indigestión y a aliviar el mareo producido por los medios de transporte.

69

su pared interna de sus propios ácidos). El ácido actúa sobre las proteínas, mientras que el complejo entramado de músculos del estómago se contraen y se relajan para remover los alimentos hasta reducirlos al denominado quimo.

Existen varios factores que pueden influir negativamente sobre la producción de ácido clorhídrico, como la edad avanzada, las drogas, los fármacos, el tabaco, el alcohol y el estrés. Esta falta de ácido puede tener efectos negativos de larga duración sobre la digestión y la absorción, provocando muchos problemas de salud obvios (y algunos aparentemente desvinculados), que se indican en la tabla inferior.

El ácido clorhídrico del estómago destruye todas las bacterias y los parásitos ingeridos. Es la primera línea de defensa del complejo sistema inmunológico que reviste la totalidad del tracto digestivo. A partir de los 30 años, aproximadamente, los niveles de ácido tienden a disminuir, lo que explica el creciente número de trastornos digestivos y de intolerancias alimentarias que se producen cuando nos hacemos mayores.

Una bacteria muy agresiva, la *Helicobacter pylori*, puede sobrevivir en este entorno. Si no se elimina puede ser dañina, por lo que es necesario un riguroso tratamiento antibiótico.

El estómago también produce enzimas digestivas. La pepsina disgrega aún más los alimentos proteicos, facilitando su digestión en los intestinos (la vitamina B6 es necesaria para este proceso: puede incrementar sus niveles consumiendo pipas de girasol, judías rojas, cebada, brécol y coliflor). La lipasa inicia el proceso de digestión de las grasas.

El último proceso que se produce en el estómago es la asociación de la vitamina B12, un factor extrínseco, al factor intrínseco producido en el estómago, lo que posibilita su absorción por los intestinos. La vitamina B12 es vital para la producción de energía, el crecimiento y la formación de sangre y de células.

A medida que envejecemos, los niveles del factor intrínseco descienden, afectando a la absorción de la vitamina B12 y aumentando la posibilidad de sufrir una anemia perniciosa (carencia de vitamina B12). Es por ello que los médicos inyectan a veces vitamina B12 a personas que han estado enfermas, a los ancianos y a las personas que se recuperan de una operación. El ácido clorhídrico y las enzimas digestivas aumentan la producción de vitamina B12 por parte del estómago, además de garantizar una mejor digestión de las proteínas. Para aumentar el nivel de vitamina B12, consuma más queso fresco, barbada, halibut, pollo y atún.

Síntomas de una mala digestión

• Eructos	• Hinchazón del vientre	• Dolor de estómago
• Alergias alimentarias	• Dolor de cabeza	• Estreñimiento
• Indigestión	• Falta de vitamina B12	• Gases tras las comidas
• Picor en el recto	• Uñas quebradizas	• Acné
• Falta de hierro	• Parásitos intestinales	• Candidiasis crónica
• Náuseas		

El intestino delgado

Es la principal zona de digestión y absorción. Las enzimas digestivas que actúan sobre las grasas, las proteínas y los carbohidratos se segregan en el páncreas y descomponen aún más la materia alimentaria parcialmente digerida (el quimo) procedente del estómago, preparándola para su absorción en las tres partes del intestino delgado: el duodeno, el yeyuno y el íleon. La longitud total de las tres partes es de unos 7 metros, pero se encuentran replegados sobre sí mismos en la cavidad abdominal.

En la capa interior de estas tres secciones, la superficie de digestión y absorción se aumenta mediante unas diminutas proyecciones en forma de dedo denominadas vellosidades. Segregan enzimas, absorben los nutrientes esenciales y evitan que las partículas de alimentos y otras sustancias potencialmente dañinas penetren en la sangre. Este delicado procedimiento puede verse perturbado por los antibióticos y otros fármacos, el alcohol y/o una ingesta elevada de azúcar. Cuando reaccionan ante estas sustancias, los minúsculos espacios que se encuentran entre las células de las vellosidades se ensanchan, permitiendo que penetren en la sangre partículas de alimentos. Este fenómeno se denomina permeabilidad intestinal y puede desencadenar intolerancias alimentarias, que provoquen otras respuestas inmunológicas como cefaleas, fatiga, problemas cutáneos y dolores artríticos en los músculos y los huesos de todo el cuerpo.

El duodeno es el lugar de entrada de la bilis, que se produce en el hígado y luego se concentra y se almacena en la vesícula biliar. La bilis es esencial para disgregar las partículas de grasa parcialmente digerida y facilitar su absorción. El páncreas segrega bicarbonatos para neutralizar o reducir la acidez de las secreciones del estómago, y produce además tres enzimas digestivas: la proteasa para digerir las proteínas, la lipasa para las grasas y la amilasa para los carbohidratos.

El yeyuno y el íleon son los principales lugares de absorción de los nutrientes restantes, como los aminoácidos, las vitaminas hidrosolubles, el colesterol y las sales biliares.

La válvula ileocecal

Para separar el intestino delgado del grueso, y para evitar que la materia fecal pueda volver a entrar en el intestino delgado, entre ambos existe una válvula unidireccional. Es la llamada válvula ileocecal, que se encuentra muy cerca del apéndice. Se trata de una zona fácilmente inflamable, ya que en sus paredes suelen adherirse bacterias y parásitos.

Si se produce una inflamación durante un largo período, la válvula ileocecal puede quedarse abierta, permitiendo que las materias tóxicas suban hacia la región altamente absorbente del íleon. Esto puede provocar el diagnóstico erróneo de una apendicitis, con la consiguiente extracción innecesaria del apéndice, un importante órgano del tejido linfático. Un tratamiento para eliminar los parásitos o las bacterias y cualquier alimento potencialmente irritante (como los cereales, las legumbres y grandes cantidades de fibra) durante un breve período puede bastar para resolver este problema menor, sin necesidad de recurrir a procedimientos más invasivos.

consejos de nutrición
Para ayudar a curar las úlceras de estómago, beba cada día agua de patata (hierva pieles de patata y luego cuele el agua) o zumo de patata (extraiga el zumo de patatas crudas y déle sabor con zanahoria o apio). No emplee nunca patatas con la piel verde.

El intestino grueso

El intestino grueso, también denominado colon, consta de tres secciones consecutivas: (el colon ascendente, el transverso y el descendente), que terminan en el recto y en el ano. Su estructura muscular se contrae y se relaja cada ciertos segundos para mover la materia restante (formada por agua, bacterias, fibra insoluble y productos de desecho derivados del proceso digestivo) hasta excretarla por el ano. Estos desechos se denominan heces.

Desde el primer momento, cuando tragamos un bocado de comida, el proceso digestivo depende de una serie de contracciones y relajaciones musculares que hacen avanzar los alimentos a través del organismo, de forma parecida al movimiento de una serpiente.

Es importante reconocer la necesidad de ir al baño y responder a ella, ya que retener la materia fecal, aunque sólo sea durante dos horas, provoca una mayor absorción de agua, lo que produce unos excrementos más secos y la posibilidad de estreñimiento. Ésta es una de las principales causas de hemorroides.

Es «normal» evacuar al menos una vez, o más, al día. Las personas con un aparato digestivo eficaz pueden ir al baño después de cada comida. Sin embargo, no es extraño pasar varios días sin evacuar, lo que provoca que los productos residuales tóxicos se reabsorban a través de la pared intestinal hacia la sangre. Este proceso causa con frecuencia fatiga, dolor de cabeza, náuseas y malestar general, por lo que es normal que el médico le pregunte siempre al paciente con qué frecuencia evacua, incluso al tratar dolencias que no tengan aparentemente ninguna relación con ello. Los problemas relacionados con el estreñimiento se tratarán más adelante.

Un intestino grueso sano

Para mantener la salud y el buen funcionamiento del intestino grueso, debemos ingerir a diario verdura, fruta y fibra insoluble (de cereales y legumbres). Todos estos alimentos contienen magnesio, que favorece el buen funcionamiento de los músculos del intestino grueso. Si bien los zumos hechos a partir de fruta y hortalizas licuadas suponen una excelente fuente de magnesio, es necesario consumir varias raciones de estos alimentos en su forma íntegra, ya que su contenido en fibra ayuda a eliminar los productos residuales del intestino grueso, además de estimular unas contracciones y relajaciones musculares regulares.

Las personas que hayan sufrido cualquier intervención quirúrgica en el abdomen deben tener mucho cuidado con lo que coman tras la operación, ya que los procesos naturales de eliminación pueden verse seriamente perturbados durante varios días. Durante los primeros dos días, los pacientes deben tomar comidas sencillas que no sobrecarguen el intestino grueso y reduzcan el riesgo de estreñimiento. Las sopas de verduras, las ensaladas, las verduras ligeramente cocidas al vapor y el arroz son los mejores alimentos para estos períodos, ya que son ricos en nutrientes, se digieren y se absorben fácilmente y contienen suficiente fibra para favorecer la vuelta a la normalidad del colon.

Inmunidad digestiva

El tracto digestivo posee unos sistemas de defensa muy eficientes. Ello no debe sorprenderle, teniendo en cuenta la multitud de sustancias y bacterias potencialmente dañinas que penetran en el cuerpo a través de la primera parte del aparato digestivo: la boca. En la boca, el esófago y el intestino delgado viven billones de bacterias protectoras, que se cuentan, literalmente, por trillones en el intestino grueso. Al tratarse de un entorno sumamente ácido, el estómago requiere menos bacterias protectoras, ya que la mayoría de los invasores no sobreviven a sus condiciones.

En los intestinos se han identificado entre unos 400 y 500 tipos diferentes de bacterias, algunas de las cuales son anti- o pro-cancerosas; otras sintetizan las vitaminas B, A y K; otras producen sustancias para combatir infecciones específicas; y otras digieren la lactosa (formada por los azúcares de la leche) y regulan la contracción y la relajación muscular. Producen antibióticos y fungicidas naturales para evitar la proliferación de bacterias y hongos perjudiciales, además de descomponer mediante la producción de grandes cantidades de ácido los residuos tóxicos producidos por las bacterias invasoras, que son potencialmente más peligrosos que las propias bacterias.

Las bacterias protectoras también desempeñan un papel muy importante en la defensa frente a los efectos potencialmente nocivos de los metales tóxicos que penetran en el organismo, como el mercurio de los empastes dentales y el pescado contaminado, la radiación (de los tratamientos contra el cáncer; también presente en algunos alimentos), y los residuos de pesticidas y herbicidas que se hallan en la mayoría de los productos no biológicos. Algunas bacterias se

encargan también de fabricar peróxido de hidrógeno, que impide la supervivencia de las células cancerosas. Sin embargo, existen muchos factores que pueden romper el equilibrio de esas bacterias esenciales, como los que se indican en la tabla inferior.

Las bacterias intestinales protectoras son las dominantes en el tracto digestivo, siempre que este entorno les sea favorable y no se vea perturbado por una acumulación de factores nocivos (véase tabla inferior). Sin embargo, si nuestra dieta es pobre, consumimos alcohol habitualmente, vivimos constantemente estresados, tomamos antiácidos y analgésicos de forma regular y seguimos a menudo tratamientos con antibióticos recetados por el médico, este delicado equilibrio se romperá. De este modo, las bacterias «malas» tendrán la oportunidad de desbancar a las beneficiosas.

Dicho estilo de vida es muy frecuente. De hecho, para muchas personas es normal. Quienes se identifiquen con él sufrirán a menudo indigestiones, hinchazón y gases... y se preguntarán por qué. La respuesta es sencilla. Sus bacterias intestinales «están en guerra».

En las páginas siguientes examinaremos varios trastornos digestivos frecuentes con un poco más de detalle.

Factores del estilo de vida que afectan a la eficacia del sistema digestivo

- Antibióticos
- Dieta rica en grasas
- Azúcar
- Comidas procesadas

- Antiinflamatorios
- Alimentos fritos
- Alcohol
- Bebidas enlatadas (refrescos)

- Estrés
- Pérdida de seres queridos
- Tabaco
- Drogas

afecciones

Estreñimiento

Su principal origen es la deshidratación. Además, el estreñimiento es una de las principales causas de los dolores de cabeza frecuentes. Es esencial beber entre 1,5 y 2 litros de agua mineral sin gas a diario para satisfacer los requisitos mínimos del organismo. Si se practica ejercicio físico, esta ingesta debe doblarse. Otras causas del estreñimiento pueden ser una dieta rica en proteínas que no contenga la suficiente fibra vegetal o una elevada ingesta de alcohol, té y bebidas con cafeína, que tienen un efecto deshidratante.

Para prevenir el estreñimiento es esencial que la dieta sea rica en fibra soluble, presente en la fruta y las hortalizas, y en fibra insoluble procedente del arroz, la cebada, el alforfón y otros cereales (si usted padece estreñimiento y no toma suficientes líquidos, las legumbres sólo agravarán el problema y producirán una acumulación de sólidos).

El estreñimiento es más habitual durante el embarazo y con frecuencia tiene su origen en la ingesta de suplementos de hierro. Tomar albaricoques secos, tras haberlos dejado una noche en agua, ayuda a solucionar ambos problemas, ya que el albaricoque es una de las frutas más ricas en hierro y además tiene un suave efecto laxante. Sin embargo, si usted está embarazada, no deje de tomar pastillas de hierro para sustituirlas con un aporte natural sin el consentimiento de su médico.

Candidiasis

Éste es un problema del que se habla mucho porque afecta a muchas personas. Aún no se comprende bien, pero se supone que es debido principalmente a la dieta y a una inmunidad reducida. La *Candida albicans* está presente en el tracto digestivo de forma natural y no es nociva a menos que el sistema inmunológico esté debilitado o se siga una dieta rica en azúcar. Cuando se dan esas circunstancias, este organismo se convierte en un hongo potencialmente dañino. Los primeros síntomas de un exceso de cándida incluyen hinchazón del vientre, exceso de gases y retortijones, que se dan tras comer fruta y otros alimentos dulces. Si la afección prosigue sin tratarse, puede desembocar en una grave fatiga y en una depresión leve. Algunos síntomas menos obvios de la proliferación excesiva de cándida son insomnio, picor en los oídos, dolor en los hombros, irritabilidad, falta de concentración, dolor de garganta, dolor muscular, hiperactividad y acné.

Una de las principales causas de la proliferación excesiva de cándida es el uso frecuente de antibióticos. Aunque sean esenciales para atacar las infecciones persistentes, los antibióticos eliminan todas las bacterias intestinales, incluidas las protectoras. Esto permite que la *Candida albicans* se multiplique. Consulte el cuestionario sobre el estilo de vida de la página 8 para ver la relación existente entre la proliferación de cándida y los problemas de salud.

Enfermedad celiaca

La enfermedad celiaca es un trastorno del intestino en el que las minúsculas protuberancias en forma de vello que absorben los nutrientes de los alimentos se alisan al entrar en contacto con el gluten. Esta enfermedad puede provocar desnutrición, diarrea, pérdida de peso o problemas de crecimiento. Se trata de una enfermedad bastante frecuente y se cree que se transmite hereditariamente. En los bebés se manifiesta habitualmente al cabo de unas semanas de haber empezado a ingerir alimentos sólidos que contengan gluten, pero puede desencadenarse en cualquier momento a lo largo de la vida.

Quienes la padecen son alérgicos al gluten en todas sus formas, por lo que deben evitar el trigo, la cebada, la avena y el centeno. El tratamiento tradicional de la enfermedad celiaca consistía hasta ahora en la eliminación de la dieta de todos los almidones y los cereales, incluidos el arroz, las patatas y el maíz, además del gluten. Algunas personas siguen haciéndolo, si bien actualmente ya no se cree necesario. Muchas personas con enfermedad celiaca gozan de una excelente salud, ya que sus dietas suelen incluir una importante proporción de fruta y verdura fresca, además de pescado, pollo y cereales sin gluten.

Diverticulitis

En esta afección, las membranas sensitivas que revisten el intestino grueso se inflaman, provocando la formación de pequeñas bolsas. Estas bolsas se llenan fácilmente de desechos que pueden infectarse, produciendo dolor y una mayor inflamación. Si no se toman medidas dietéticas, la diverticulitis puede hacer necesaria una intervención quirúrgica urgente.

Los síntomas de la diverticulitis incluyen diarrea o estreñimiento, dolor cuando se toca el abdomen, hinchazón y, más frecuentemente, una necesidad permanente de ir al baño. El estreñimiento frecuente aumenta el riesgo de padecer diverticulitis, por lo que es importante consumir una dieta rica en fibra, agua y grasas esenciales.

El tratamiento nutricional de la diverticulitis consiste en aumentar la ingesta de agua y de fibra, reducir los carbohidratos (especialmente los simples) y tomar más proteínas de la clase A (véase pág. 45). Las sopas caseras de verduras licuadas son excelentes para tomar durante un ataque, ya que contienen abundantes nutrientes que pueden absorberse fácilmente sin irritar aún más el intestino.

Diarrea

La diarrea puede tener muchas causas distintas, y lo más probable es que sea un síntoma de otro problema y no una afección por sí misma. Sin embargo, la diarrea aguda suele ser el resultado de una infección. La diarrea sangrienta indica una inflamación grave y debe examinarla un médico.

Los brotes intermitentes de diarrea pueden estar provocados por alergias alimentarias, infecciones parasitarias, consumo excesivo de cafeína, problemas del páncreas o estrés.

La diarrea obtiene del organismo grandes cantidades de agua, y de ella muchos minerales esenciales. Asegúrese de restablecerlos tras un ataque de diarrea consumiendo alimentos ricos en minerales como frutos secos, hortalizas verdes o algas. El potasio perdido debe reemplazarse inmediatamente: algunos alimentos ricos en potasio son los aguacates, las acelgas, las lentejas, los nabos, las espinacas, la mayoría de frutos secos frescos, las sardinas y los plátanos.

Si padece diarrea de vez en cuando, puede que la causa sea algún alimento, de modo que modifique su dieta y observe si se produce alguna mejora. Si ésta no se produce, acuda a un especialista en nutrición y al médico.

Intoxicación por alimentos

La intoxicación por alimentos se produce al ingerir una sustancia tóxica, en la mayoría de los casos alguna forma de bacteria. Los síntomas pueden manifestarse a los pocos minutos de haber ingerido el alimento ofensivo, si bien algunas cepas de bacterias pueden tardar hasta una semana en manifestarse, dificultando así la identificación del alimento que los han ocasionado. Así, puede que la contaminación de los alimentos sea más extendida de lo que se piensa.

Existen muchas cepas de bacterias que envenenan los alimentos, desde la *Salmonella typhimurium* y la *Escherichia coli (E. coli)* hasta la *Clostridium botulinum*. Los síntomas de la intoxicación por alimentos incluyen escalofríos, fiebre, diarrea crónica y parálisis muscular. Asimismo, pueden presentarse náuseas y vómitos frecuentes.

Si usted sospecha que ha ingerido un alimento contaminado, acuda al médico. Algunas ayudas nutricionales para la recuperación son el ajo, un potente desintoxicante, y los alimentos ricos en potasio, como la fruta y las hortalizas verdes, que ayudan a restablecer los minerales perdidos. El yogur biológico puede ayudar a restablecer las bacterias beneficiosas que viven en los intestinos. Los comprimidos de carbón (disponibles en las tiendas de dietética) pueden minimizar los efectos de muchas toxinas, por lo que debe tomarlos al primer síntoma de intoxicación.

Puede reducir el riesgo de una intoxicación por alimentos tomando algunas precauciones de sentido común. ¡Si sospecha de algún alimento, no lo coma! Sin embargo, tomar un comprimido de ajo antes de comer puede ayudar a depurar los agentes patógenos. Si bien no puede controlar lo que le sirven en un restaurante, en casa puede tomar medidas preventivas. Siga los consejos de higiene alimentaria de la tabla inferior.

Ardor de estómago e indigestión
El ardor de estómago se caracteriza por un dolor que parece subir desde el estómago hasta la garganta, conjuntamente con una sensación de acidez. La indigestión es similar, pero la sensación es estática.

El tratamiento tradicional del ardor de estómago y la indigestión consiste en tomar un antiácido; sin embargo, ello conlleva un cierto riesgo, ya que el uso continuado de antiácidos rompe el delicado equilibrio ácido/alcalino (pH) del organismo.

Higiene alimentaria básica

- Lávese las manos antes de manipular alimentos.

- Mantenga la comida fría o caliente, nunca a temperatura ambiente.

- Asegúrese de que todos los alimentos cocinados se calienten en su totalidad, de forma uniforme.

- Si come al aire libre, asegúrese de enfriar la comida y luego consumirla inmediatamente después de servirla. No deje la comida al sol.

- No compre comida en latas en mal estado, aunque la tienda las venda a precio de oferta. Ningún descuento justifica el riesgo de sufrir una grave intoxicación.

- No deje que los alimentos crudos entren en contacto con otros alimentos durante su almacenamiento o preparación. Utilice dos o tres tablas distintas para cortar cada tipo de alimento. Lávese las manos después de manipular carne cruda.

Por consiguiente, los sistemas de control que utiliza el organismo para reequilibrar el pH se ven sometidos a una presión, y, en conjunción con una dieta rica en proteínas, pueden resultar dañados los riñones.

Hemos tratado a muchos pacientes cuyos trastornos eran atribuibles a la dieta. Si usted es propenso a padecer ardor de estómago o indigestión, simplifique sus comidas. Si toma una gran cantidad de proteínas, alimentos crudos y cocinados, todos a la vez, puede sobrecargar su sistema digestivo. Los alimentos deben comerse lentamente y masticarse bien. No trague nada que esté quemando o helado. Si tiene problemas frecuentes, acuda a un especialista en nutrición, ya que es probable que padezca una intolerancia alimentaria o una carencia de enzimas.

Si de pronto se le presenta una indigestión severa y persistente, acuda al médico para descartar otras causas más graves.

Hernia de hiato

La hernia de hiato se produce cuando el estómago se hincha y sube hacia el pecho, dejando que los alimentos contenidos en él suban hacia el esófago. Los síntomas son ardor de estómago, indigestión, eructos y una sensación de ardor en el esófago, producida por el contacto con los ácidos gástricos, que, con el tiempo, puede dañar la mucosa del esófago y producir úlceras.

Tomar zumo de aloe vera dos veces al día ayuda a calmar el esófago. El aloe vera puede adquirirse en las tiendas de dietética, y su variedad con sabores es normalmente la más agradable al paladar.

El zinc es esencial para la reparación de los tejidos, y se encuentra en las pipas de calabaza, los cereales integrales, los huevos y el pollo, además de ciertos mariscos, como las ostras, la langosta, los mejillones y los cangrejos.

Hemorroides

Las hemorroides se producen cuando las venas que rodean el ano se inflaman. Se trata de una dolencia muy habitual que produce mucho dolor e incomodidad. Los síntomas consisten en hinchazón, irritación y sensación de ardor (recuerde que siempre que encuentre sangre en sus heces debe acudir al médico).

Una dieta pobre en fibra y agua puede ser la responsable de las hemorroides, ya que el esfuerzo para defecar ejerce una presión innecesaria sobre las venas. Aumentar la ingesta de fibra con más hortalizas verdes y cereales integrales ablanda las heces y facilita su excreción. Asimismo, los alimentos ricos en calcio y magnesio ayudan a curar la dolencia. Algunos de estos alimentos son las verduras, los frutos secos y las semillas. Cuando las hemorroides son severas y debilitantes, requieren tratamiento médico.

Síndrome del intestino irritable (SII)

En el SII, el movimiento del tracto digestivo se ve perturbado y se rompe su ritmo natural. Así, el paso de los alimentos se interrumpe, lo que conlleva una acumulación de toxinas y desechos. Los síntomas del SII son: dolor, hinchazón, diarrea y/o estreñimiento. Asimismo, es frecuente una mala absorción de los nutrientes.

consejos de nutrición

Las grosellas negras tienen propiedades anti-laxantes y son muy eficaces para tratar la diarrea. El contenido en vitamina C de las grosellas enlatadas es casi tan alto como el de las frescas. Las infusiones de grosella negra también son beneficiosas.

Es importante restablecer el tono muscular normal del intestino, y las vitaminas del complejo B son las más eficaces para conseguirlo. Las contienen los cereales integrales, el pescado, los huevos y el germen de trigo. Tomar yogur biológico a diario puede ayudar a promover la proliferación de bacterias intestinales beneficiosas, y también favorece la síntesis de las vitaminas del complejo B. Se cree que las personas que padecen el SII requieren una mayor cantidad de proteínas: las mejores fuentes son los alimentos de la clase A, como el tofu, el pescado y el pollo.

consejos de nutrición

Las manzanas estimulan la proliferación de bacterias beneficiosas en el intestino grueso. Además contienen pectina, que ayuda a eliminar el exceso de colesterol y los metales tóxicos del tracto digestivo.

Úlcera péptica o duodenal

En este doloroso trastorno, la pared interna del estómago o del duodeno se erosiona, provocando una irritación de los tejidos. El principal síntoma es una dolorosa sensación de ardor, que suele producirse después de comer. Las úlceras están asociadas al estrés, ya que éste puede tener un efecto negativo sobre los niveles de ácido en el estómago. Los antiácidos pueden ser un remedio (aunque tienen efectos secundarios: véase pág. 76); también pueden tomarse grandes cantidades de agua para diluir el ácido y así aliviar el dolor.

Una forma de aliviar el dolor y prevenir ataques futuros es evitar los alimentos procesados, la sal, las especias, el café y los fritos. Es mejor tomar pequeñas cantidades de comida con frecuencia a lo largo del día que contengan cereales integrales, verduras cocidas al vapor y un poco de proteína de la clase A, en vez de comidas abundantes. El zumo de col, tomado a diario, es un remedio eficaz para las úlceras, ya que contiene un aminoácido denominado metionina que ayuda al hígado a realizar su tarea de desintoxicación. Como sucede con el ardor de estómago, si usted padece un dolor severo con sensación de acidez, especialmente a partir de los 30 años, debe acudir al médico para determinar la gravedad de las posibles causas.

Parásitos

Existen muchos parásitos que pueden introducirse en el aparato digestivo, como las lombrices y las tenias intestinales. Debe tenerse en cuenta que la existencia de parásitos en el intestino es algo frecuente. Pueden intervenir en muchos problemas de salud, desde la depresión hasta la hinchazón del vientre. Si cree que tiene parásitos, le sugerimos que acuda al médico y a un especialista en nutrición.

Enfermedad de Crohn

La enfermedad de Crohn puede afectar tanto al intestino grueso como al delgado, provocando en ellos inflamación, engrosamiento y ulceración. Los síntomas son: pérdida de peso, diarreas frecuentes y severas, distensión persistente del estómago e intolerancias alimentarias aparentes, que se manifiestan en forma de fatiga crónica, dolor muscular, erupciones cutáneas y acné. En casos severos puede ser necesaria la extracción quirúrgica de algunas partes del intestino delgado.

El tratamiento nutricional puede ser muy eficaz. Normalmente requiere la eliminación de la dieta del trigo y de los productos lácteos para reducir la inflamación y el exceso de mucosidad. Con frecuencia se dan otras intolerancias alimentarias que agravan el problema, como las producidas por los cítricos, los tomates, las comidas picantes, los granos de pimienta negra, el café, los refrescos de cola y el alcohol, por lo que es necesario eliminar estos productos.

El aspecto más importante que se debe tratar es la inflamación causada por la enfermedad de Crohn. Durante los primeros meses es esencial reducir la ingesta de fibra insoluble, de modo que debe consumirse menos fruta, especialmente la que contiene pequeñas semillas, como las fresas y el kiwi, que pueden irritar el tracto digestivo. Una dieta suave, que incluya patatas peladas, pescado al vapor, aves y hortalizas suaves como calabacín, espinacas, guisantes, calabaza y ñame, puede ser especialmente beneficiosa.

El pescado debería constituir la principal fuente de proteínas, ya que contiene ácidos grasos esenciales omega-3, con propiedades antiinflamatorias, y vitamina E, que es antioxidante y promueve la curación de los tejidos. Los alimentos ricos en zinc también son vitales por sus propiedades curativas. Algunos alimentos ricos en zinc son las aves, los huevos y las algas (que también contienen selenio, otro antioxidante). Los cereales integrales, aunque sean una buena fuente de zinc, deben evitarse hasta que los síntomas hayan remitido.

Colitis ulcerosa

El colon es el lugar donde se ubica esta dolorosa afección, que provoca la creación de úlceras. Los síntomas típicos son: diarrea sangrienta severa, mucosidad en las heces y dolor agudo.

Aunque se requiere fibra, sólo es apropiada la de un tipo concreto. Los autores, al igual que otros especialistas en nutrición, recomendamos reducir la fibra insoluble (presente en alimentos como el maíz y las hortalizas ricas en almidones como las zanahorias, los nabos, las chirivías y los nabos suecos), ya que su digestión es difícil cuando se padece este trastorno. También deben evitarse los cereales integrales. Puede tomarse arroz blanco hervido, que tiene un efecto calmante sobre el tracto digestivo, especialmente si se cuece con un

poco de ajo. Los frutos secos y las semillas son demasiado irritantes, por lo que deben evitarse.

Todos los azúcares y carbohidratos simples deben también eliminarse de la dieta. Se hallan presentes en el pan, las galletas, los bizcochos, los pasteles y también en la pasta. El trigo puede ser un factor agravante que dificulte la recuperación del delicado tracto intestinal. Es aconsejable examinar cuidadosamente todos los alimentos por si contienen trigo.

Las personas que padecen esta trastorno notan que les es más fácil digerir pequeñas cantidades de comida tomadas a menudo durante el día que tres comidas principales. Por la misma razón, la cena debe ser ligera. Los alimentos más recomendables son los ricos en fibra soluble, como la fruta, las hortalizas verdes y sus zumos, en especial los de perejil, berro, col, berzas y espinacas, que aportan fibra al organismo sin ser demasiado abrasivos.

La vitamina E es esencial para el proceso de curación, por lo que deben tomarse aguacates, col rizada y ñame en abundancia, que ayudarán a calmar la inflamación y a aliviar la ulceración. Los ácidos grasos esenciales omega-3 son antiinflamatorios y se encuentran en el pescado azul como el salmón, el atún, los arenques, las sardinas y la caballa. Los aceites de calabaza y de girasol también son beneficiosos, pero deben ser prensados en frío y no deben calentarse.

Tanto la enfermedad de Crohn como la colitis ulcerosa son enfermedades muy graves y pueden tener complicaciones, que supongan un riesgo para la vida. Cualquier intervención nutricional debe realizarse en combinación con un tratamiento médico convencional.

el sistema inmunológico

El inmunológico es probablemente el más complejo de los sistemas del organismo. Se ocupa prácticamente de forma ininterrumpida de atacar a las partículas invasoras potencialmente dañinas. Mientras usted lee estas líneas, es probable que su sistema inmunológico esté combatiendo contra un enorme ejército de agentes patógenos (unos minúsculos organismos nocivos, como las bacterias o los virus).

Los agentes patógenos están por todas partes: en el aire, en la superficie de los objetos, en los alimentos y en el agua. Pueden encontrarse en nuestro organismo, ocultos en la piel, en el pelo o debajo de las uñas. También penetran en nuestro interior. Si el sistema inmunológico no funciona a pleno rendimiento, estos agentes patógenos pueden provocar una infección.

Sin embargo, ¿cuándo pensamos en cuidar nuestro sistema inmunológico? La mayoría de la gente sabe que es bueno tomar suplementos de vitamina C y beber más zumo de naranja durante un resfriado, pero no saben por qué. Aunque comprender perfectamente el funcionamiento de este sistema requiere toda una vida de estudio, es importante conocer los principios básicos para saber cómo puede fortalecerse a través de la nutrición y del estilo de vida. De momento, puede comprobar la eficacia de su sistema inmunológico respondiendo a las preguntas de la página 82.

Defensa básica

El cuerpo tiene varios sistemas de defensa muy astutos para defenderse de los ataques. La primera línea de defensa es la piel, que forma una barrera a nuestro alrededor. Su superficie está protegida por el sebo, una capa grasa que inhibe la proliferación de determinadas bacterias. Las glándulas sudoríparas de la piel ayudan a combatir los minúsculos microbios potencialmente dañinos segregando sudor para arrastrarlos y quitarlos de la superficie de la piel.

Las glándulas lacrimales de los ojos ayudan a eliminar los invasores bacterianos potencialmente patógenos produciendo más líquido para arrastrar las partículas ofensivas. Las personas alérgicas experimentan esta reacción de forma aguda cuando aumentan los niveles de polen durante los meses de verano y sus ojos intentan repeler los granos de polen irritantes segregando abundantes lágrimas.

El aire que respiramos contiene muchas partículas nocivas que las vías respiratorias intentan combatir. La piel interna (el epitelio) del conducto respiratorio está recubierto por unas minúsculas protuberancias en forma de vello (los cilios) que atrapan y acumulan las partículas extrañas. La secreción de moco aumenta para ayudar a atrapar los agentes patógenos. Los mocos contienen una sustancia denominada inmunoglobulina de secreción A (IgAs) que tiene la propiedad de neutralizar los posibles invasores.

Las bayas, como las fresas y las frambuesas, son ricas en vitamina C y ayudan a fortalecer el sistema inmunológico.

Cuestionario sobre el sistema inmunológico

¿Es eficaz su sistema inmunológico? Respondiendo a las siguientes preguntas obtendrá una orientación.

1 ¿Se resfría o tiene la gripe con frecuencia?

2 ¿Le cuesta recuperarse de los resfriados?

3 ¿Padece estrés con frecuencia?

4 ¿Padece depresión o ansiedad?

5 ¿Tiene alergia a algún alimento?

6 ¿Toma analgésicos de forma habitual?

7 ¿Padece fiebre del heno?

8 ¿Durante el último año, ha tomado antibióticos más de una vez?

9 ¿Padece dolores de garganta?

10 ¿Toma alcohol más de tres veces por semana?

11 ¿Tiene dolores de cabeza con frecuencia?

- Si ha respondido «sí» a **tres preguntas**, puede que necesite mejorar su sistema inmunológico.

- Si ha respondido «sí» a **cuatro preguntas**, es muy probable que su sistema inmunológico requiera atención.

- Si ha respondido «sí» a **cinco o más preguntas**, su sistema inmunológico se encuentra probablemente saturado.

La saliva de la boca ayuda a eliminar los microbios que proceden del aire o de los alimentos. Al tragar saliva, ésta se mezcla con el jugo gástrico del estómago, que contiene un potente ácido denominado ácido clorhídrico (véanse págs. 69-70). Este ácido destruye la mayoría de las bacterias ingeridas. Sin embargo, algunas bacterias, como la *Helicobacter pylori*, no se destruyen. Si los microbios consiguen llegar a los intestinos, la flora beneficiosa (formada también por bacterias) que allí vive combate los invasores.

En resumen, todo el organismo tiene alguna protección por fuera y por dentro. A veces, sin embargo, a pesar de los esfuerzos del organismo, algunos invasores dañinos superan nuestros sistemas de defensa y provocan una enfermedad.

Las fuerzas inmunológicas

¿Qué sucede cuando ingerimos o inhalamos un microbio o un agente patógeno potencialmente dañino? Las «fuerzas inmunológicas» que nos protegen son como una flota naval desplegada por todo el organismo, pero también tienen la capacidad de atraer a los agentes patógenos, captando así la atención de los leucocitos. Los glóbulos rojos tienen una vida breve, y cuando ya no son eficaces se filtran y se destruyen.

Algunas células inmunológicas navegan por el organismo en busca de invasores, mientras que otras tienen posiciones fijas y atacan a los más cercanos.

alrededor de una isla: el cuerpo. Esta flota nos protege del mundo exterior y se encarga también de detectar y eliminar los desechos y las células que se comportan de forma extraña, como las cancerosas. Existen comandantes situados en posiciones estratégicas que controlan todas las naves y las envían a combatir cuando es necesario.

La flota está formada por células inmunológicas. Algunas de ellas navegan por el organismo en busca de invasores, mientras que otras tienen posiciones fijas y atacan a los más cercanos. Las células errantes se denominan macrófagos y tienen la capacidad de destruir y digerir los agentes patógenos, un proceso que se conoce como fagocitosis (véase pág. 84).

Las células inmunológicas suelen viajar a través de la sangre. Existen dos tipos de células sanguíneas, los glóbulos rojos y los glóbulos blancos, que tienen tareas diferenciadas.

Glóbulos rojos

Son las células más abundantes de la sangre. Se sintetizan en la médula ósea, desde la que se liberan hacia el flujo sanguíneo. La función principal de los glóbulos rojos es transportar y entregar el oxígeno

Glóbulos blancos

Existen varios tipos de glóbulos blancos, cuya función es la de proteger el organismo. Algunos se ocupan de las reacciones parasitarias y alérgicas como la fiebre del heno y el asma, mientras que otros se encargan de la inflamación y las infecciones.

La célula T colaboradora es un tipo importante de glóbulo blanco. Cuando nota la presencia de un agente patógeno, actúa como un sistema de alerta inmediata, indicando a los defensores del sistema inmunológico del organismo que lancen un ataque contra el invasor. Cuando se produce una infección por el VIH, estas células T auxiliares disminuyen, provocando que el sistema inmunológico no pueda reaccionar ante una invasión.

Complemento e interferón

El complemento y el interferón también forman parte de la armada inmunológica. Son como unas fuerzas navales adicionales a las que la armada puede recurrir cuando necesita refuerzos. Tienen blancos específicos y se requiere su presencia cuando otras partes del sistema inmunológico reconocen determinados agentes patógenos. El complemento interviene de forma específica en la destrucción de células tumorales y en la eliminación de algunos

virus, como el *herpes simplex*. El interferón es una
sustancia que segregan la mayoría de los tejidos a
modo de autodefensa cuando se ven afectados por
un agente patógeno. Tiene propiedades antivíricas
y depende directamente de la vitamina C y del
magnesio; es por ello que es necesario un aporte
complementario de vitamina C para tratar los
resfriados y la gripe.

Cómo actúa una infección

Para ilustrar el funcionamiento del sistema
inmunológico, vamos a describir cómo una infección
provoca una enfermedad.

Imagine que está desayunando en un bar con
unos amigos. La persona de la mesa de al lado
estornuda, expulsando al aire unas diminutas
gotas a una velocidad superior a los 185 km/h.
Aunque sólo sea durante unos segundos, estas
gotas son infecciosas y usted tiene la mala suerte
de inhalarlas. El agente infeccioso que le ha
provocado el estornudo a su vecino tiene
un nuevo huésped: usted.

Su sistema inmunológico entra en acción: para
empezar, su nariz intenta atrapar y neutralizar el
agente patógeno. Si esto fracasa, el agente penetra en
los tejidos del organismo, donde daña las células
liberando sustancias que normalmente se hallan en
el interior de las mismas, como la histamina; lo cual
forma parte del proceso de inflamación, que se
describe con detalle en las páginas 90-97. La
liberación de histamina alerta a los glóbulos blancos
(véase pág. 83), que se trasladan hasta el tejido
afectado y empiezan a destruir el agente patógeno.
Ahora el agente está dañado, y sus propias células
dejan salir antígenos, que alertan a los linfocitos B.
Éstos empiezan a construir «redes» para atrapar y
engullir al agente patógeno, haciéndolo visible para
los macrófagos, que acuden al lugar y digieren al
invasor.

Durante este
proceso,
probablemente
usted note un
aumento de la
temperatura, ya
que su cuerpo
modifica el termostato
interno para eliminar al
agente patógeno. Puede que le duela la
garganta, que se le tapone la nariz y que tenga dolor
de cabeza: los típicos síntomas de un resfriado.

¿Y qué pasa con sus amigos? Quizás también se
hayan infectado, o quizás no. La fortaleza (o la
debilidad) del sistema inmunológico determina
nuestras características bioquímicas personales.
Las personas con un sistema inmunológico
deprimido por una dieta pobre y por
inmunosupresores como el alcohol y el azúcar
desarrollarán probablemente un resfriado, mientras
que quienes lo tengan fuerte se verán relativamente
poco afectados, ya que la flota inmunológica
movilizada atacará a la infección inmediatamente.

El agente patógeno es el mismo en todas las
personas, pero el terreno con el que se encuentra es
distinto. Veamos ahora las mejores formas de aportar
a nuestro sistema inmunológico los nutrientes que
necesita.

La nutrición y el sistema inmunológico

Mientras el sistema inmunológico lucha contra un
virus del resfriado, es probable que otros agentes
patógenos intenten invadir el cuerpo al mismo
tiempo. La amenaza constante de infección ejerce
una enorme presión sobre nuestras fuerzas
inmunológicas, y debemos ayudarlas aportándoles
todos los nutrientes que necesitan para combatir
a pleno rendimiento. La principal prioridad es
alimentar a nuestras tropas.

Un almuerzo excelente para
estimular el sistema inmunológico es
la deliciosa ensalada de pimientos
de la página 138. Le aportará mucha
vitamina C, además de magnesio,
calcio y selenio.

Vitamina C

La vitamina C es la vitamina más importante para la salud del sistema inmunológico. Tiene unas potentes propiedades antivíricas, lo cual es importante, ya que está demostrado que los virus, incluso cuando están latentes, pueden debilitar el sistema inmunológico. Ya hemos hablado sobre su papel de apoyo al interferón y al complemento (véase pág. 83).

La vitamina C es también bactericida: depura las bacterias e impide que se repliquen. Además, es esencial para el proceso de neutralizar y devorar a los agentes patógenos invasores que realizan las células inmunológicas, estimulando la producción de anticuerpos específicos. Este proceso se ve potenciado por la presencia de zinc.

Los importantes efectos positivos de la vitamina C sobre la inmunidad no deben menospreciarse. Cuando el sistema inmunológico se encuentra debilitado, es de vital importancia satisfacer la mayor necesidad de este imprescindible nutriente. Cuando se goza de una buena salud, un adulto necesita entre 1.000 y 3.000 mg diarios de vitamina C. Esta necesidad puede doblarse o triplicarse cuando el sistema está debilitado.

El organismo no puede fabricar su propia vitamina C, por lo que es necesario conseguir un aporte adecuado cada día a través de la dieta y de suplementos nutricionales. Algunas fuentes naturales son el kiwi, las fresas, la sandía y los boniatos. Si sigue usted una dieta rica en fruta y verdura, ya ingiere suficiente vitamina C. Sin embargo, si bebe mucho alcohol, fuma, padece mucho estrés, o bien si su sistema inmunológico necesita un apoyo especial, la vitamina C procedente de los alimentos puede requerir un suplemento adicional.

Vitamina A

El sistema inmunológico requiere un aporte adecuado de vitamina A para su buen funcionamiento, ya que ésta tiene unas potentes propiedades antivíricas. Se encuentra en abundancia en la fruta roja y amarilla y en las hortalizas como las zanahorias, los melocotones y la calabaza, y también en las hortalizas verdes como el brécol. Asimismo, la contienen el queso duro, los huevos y el hígado. Las mujeres embarazadas no deben tomar suplementos de vitamina A ni tomar hígado a menos que lo indique el médico.

Vitamina B6

La capacidad de los glóbulos blancos para devorar a los agentes patógenos se ve favorecida por esta vitamina. Asimismo, el timo requiere unos buenos niveles de vitamina B6. Algunos alimentos que la contienen son: el arroz integral, la levadura de cerveza y las hortalizas verdes.

Magnesio

Este mineral esencial suele faltar en la dieta. En el ámbito del sistema inmunológico, el magnesio interviene en la síntesis de complemento (véase pág. 83), y es esencial para garantizar el buen funcionamiento del timo. El magnesio también es necesario para la formación de las prostaglandinas (compuestos de tipo hormonal presentes en todos los tejidos) y para controlar los niveles de histamina (véase pág. 94). El magnesio se encuentra en las hortalizas de color verde oscuro, el pescado, la soja y los frutos secos

consejos de nutrición

Si ha estado tomando antibióticos, reequilibre la flora intestinal tomando yogur biológico por lo menos tres veces a la semana. Los hay de leche de vaca, de cabra o de oveja.

y las semillas sin tostar, tales como el sésamo y las pipas de calabaza.

Calcio

El calcio es otro mineral esencial que interviene en el sistema inmunológico de varias formas. En primer lugar, participa en la síntesis de las enzimas que utilizan las células T para vencer a los agentes

una infección reiterada. Como muchos otros nutrientes, el selenio actúa mejor en combinación con una vitamina, en este caso la vitamina E (véase pág. 79).

Algunos alimentos ricos en selenio son el hígado, el marisco, las cebollas, el ajo y los cereales, aunque también se encuentra en menor proporción en las hortalizas verdes.

> La amenaza constante de infección ejerce una enorme presión sobre nuestras fuerzas inmunológicas, y debemos ayudarlas aportándoles todos los nutrientes que necesitan para combatir a pleno rendimiento.

patógenos. Al igual que la vitamina C, es esencial para que los glóbulos blancos puedan digerir y destruir ciertos virus. El complemento también depende de la presencia de calcio en el organismo. Aunque los productos lácteos contienen unos buenos niveles de calcio, suelen contener además muchas grasas saturadas que se consideran proinflamatorias y, por tanto, perjudiciales para el sistema inmunológico. Es mejor obtener el calcio de los huevos y del pescado. Los frutos secos, las semillas y las hortalizas verdes aportan un buen equilibrio de calcio y magnesio.

Selenio

Los niveles de selenio de los cereales y las verduras dependen de la tierra en la que se hayan cultivado. Actualmente, algunas zonas de cultivo presentan unos niveles especialmente bajos de este mineral. Los alimentos cultivados en estas tierras tendrán carencias de este oligoelemento, aunque tengan un aspecto y un sabor perfectos.

El selenio interviene en la síntesis de anticuerpos. Sin él, las células inmunológicas no pueden copiar de forma eficaz las células que producen en respuesta a

Hierro

El hierro puede ser beneficioso o perjudicial para el sistema inmunológico. Desempeña un papel esencial en la producción de todos los glóbulos blancos y participa en la síntesis de anticuerpos. Sin embargo, si el nivel de hierro es demasiado elevado, las bacterias proliferan. Ello no significa que durante una infección debamos excluir los alimentos ricos en hierro de nuestra dieta. Sin embargo, en estos períodos no deben tomarse suplementos que contengan hierro.

Los alimentos más ricos en hierro son las hortalizas verdes, el hígado y el pan integral. También se encuentra en la fruta desecada y en los cereales.

Zinc

El timo requiere zinc para fabricar las células T que combaten los agentes patógenos que penetran en el organismo. También es necesario para que las células T lleguen a la madurez activa.

Manganeso

Este oligoelemento es necesario para la producción de interferón (véase pág. 83).

Las 10 mejores hortalizas para el sistema inmunológico

Cuando padezca una infección, asegúrese de tomar en abundancia verduras crudas o cocidas ligeramente al vapor, ya que ayudarán al sistema inmunológico a luchar contra los agentes patógenos. Las hortalizas que aparecen bajo estas líneas son ideales, pues contienen un elevado nivel de antioxidantes que ayudarán a combatir los daños producidos por los radicales libres. Asimismo, tienen unas potentes propiedades antivíricas, bactericidas y fungicidas, además de ser unos antibióticos naturales.

Para garantizar un aporte adecuado de carbohidratos y proteínas, incluya en sus comidas lentejas, pan integral y arroz integral, que son además alimentos ricos en minerales que estimulan el sistema inmunológico.

El organismo suele carecer de un nivel adecuado de manganeso. Se encarga de formar los huesos y los cartílagos y de controlar el metabolismo de la glucosa. Algunos síntomas que indican una carencia de manganeso son falta de equilibrio, confusión y dolor en las rodillas. Lo contienen los cereales integrales, las legumbres, las hortalizas verdes, el germen de trigo, el salvado de arroz, el té, los frutos secos, el jengibre y el clavo. Algunos factores que dificultan la absorción del manganeso son el café, el tabaco y las dosis elevadas de hierro y zinc.

Inhibidores del sistema inmunológico

Hemos visto muchos nutrientes que estimulan y respaldan el sistema inmunológico, de modo que también deberíamos ver qué influencias nutricionales y de otro tipo dificultan la tarea de nuestras fuerzas vitales de protección.

Azúcar

El azúcar, en todas sus formas, inhibe la capacidad que tienen los glóbulos blancos de digerir los agentes patógenos hasta cinco horas después de haberlo ingerido. Tomar unos cereales azucarados y luego

Alimentos que estimulan el sistema inmunológico

Para estimular su sistema inmunológico, elija al menos cinco frutas y hortalizas de la siguiente lista para cada día de la semana.

Lunes
Grosella negra, uvas, melón, manzana, zanahoria, remolacha, apio y col rizada

Viernes
Arándanos, melocotón, papaya, coliflor, coco, patatas y espinacas

Martes
Nectarina, naranja, limón y lima, brécol, hinojo y calabaza común y pastelera

Sábado
Fresas, grosella negra, arándanos agrios, ciruelas negras, espárragos, apio, palmitos y berzas

Miércoles
Naranja satsuma, mandarina, mango, col de Bruselas, cebolla, tomate y boniato

Domingo
Frambuesas, arándanos agrios, cerezas, piña, aguacate, rábano y nabo

Jueves
Albaricoque, dátiles, higos, col, ajo, ortigas y berro

chocolatinas, refrescos, té y café con azúcar a lo largo del día para luego comer un plato precocinado, que contiene azúcares ocultos, puede suprimir de forma permanente nuestro sistema inmunológico. Déjelo; no tiene ningún valor nutritivo, destruye los dientes y engorda.

Alcohol

Al tratarse de un azúcar simple, el alcohol tiene el mismo efecto. Aunque su sistema inmunológico funcione correctamente y se vea favorecido por una dieta rica en nutrientes, el alcohol puede inhibir la actividad beneficiosa de las células inmunológicas. Si bien es cierto que un vaso de vino tinto contiene algunos antioxidantes importantes, el equilibrio es muy frágil. Un vaso al día ha demostrado tener un efecto beneficioso general sobre la salud

(especialmente para el corazón), pero a mayor cantidad los beneficios disminuyen proporcionalmente.

Cafeína

El café, el té y las bebidas refrescantes contienen cafeína e inhiben la absorción de los nutrientes esenciales, además de suprimir de forma directa el sistema inmunológico. El té verde, sin embargo, ha demostrado estimular la función inmunológica, por lo que debe adoptarse como sustituto del té negro chino que contiene cafeína. El agua mineral ayuda a eliminar las toxinas del organismo, reduciendo la carga que soporta diariamente el sistema inmunológico.

Estrés

El estrés suprime la producción de glóbulos blancos y puede provocar la inhibición del timo. Las células linfáticas de esta glándula y los nódulos linfáticos de todo el cuerpo se desintegran, reduciendo la protección que aportan estas importantes partes del sistema inmunológico. Para más información sobre el estrés y el sistema inmunológico, véase la página 58; sobre el sistema linfático, véase en las páginas 104-119 la sección dedicada al corazón y la circulación.

Pérdida de seres queridos

La pérdida de una persona cercana tiene un profundo efecto sobre el sistema inmunológico. Este hecho nunca debe subestimarse y es frecuente ver como algunos problemas de salud que se han padecido en el pasado vuelven a surgir al cabo de unos meses de producirse una pérdida personal. A veces esos trastornos se presentan de una forma más severa de la que tenían cuando se dieron por primera vez. Si cree que éste es su caso, acuda al médico para determinar si los síntomas son nuevos o bien son una recurrencia «por simpatía».

Las pérdidas no sólo se refieren a la muerte de un amigo o pariente. Existen otros tipos de pérdida, como abandonar la casa familiar o romper con una relación. Cambiar de trabajo también puede tener un efecto fisiológico sobre el sistema inmunológico.

Antibióticos

El sistema inmunológico está estrechamente vinculado a la salud intestinal. El intestino, o colon, contiene millones de bacterias, algunas de las cuales se consideran «amigas» y otras «enemigas». El colon tiene un equilibrio bacteriológico natural, si bien éste es delicado y puede romperse fácilmente por un exceso de azúcares simples y también por la ingestión de antibióticos. Actualmente, los médicos intentan recetar menos antibióticos, ya que se cree que una dependencia excesiva de los mismos pone en peligro la capacidad de combatir las enfermedades de las generaciones futuras.

consejos de nutrición

Para preparar una bebida que estimule su sistema inmunológico, mezcle a partes iguales fresas, frambuesas y grosellas negras (85 g de cada una) y añádales ¹/₃ de litro de leche de soja y una cucharadita de ajonjolí.

Muchas bacterias producen antibióticos naturales que actúan contra las infecciones víricas, bacterianas o por hongos. Si se toman fármacos antibióticos, éstos dañan tanto a las bacterias beneficiosas como a las nocivas.

La levadura *Candida albicans*, que vive en todos nosotros (normalmente sin ningún problema), puede descontrolarse y proliferar. Cuando esto sucede, inhibe la producción de glóbulos blancos. El uso frecuente de antibióticos puede estimular la proliferación de la *Candida albicans*, pero puede controlarse mediante una dieta estricta, excluyendo todos los azúcares e incluyendo antibióticos y fungicidas naturales como el ajo y la cebolla.

Las personas que hayan tomado antibióticos con frecuencia deben seguir un régimen que recolonice el intestino con bacterias beneficiosas. En nuestra experiencia, el sistema inmunológico ha respondido muy bien a este tratamiento. Aconsejamos un suplemento de «probióticos» en forma de yogur biológico sin azúcar, rico en *Lactobacillus acidophilus* y en *Bifidobacteria*. Debe tomarse tres veces a la semana. Si se prefiere, existen suplementos de esos probióticos.

la inflamación

La inflamación es una reacción ante una lesión, una infección o una sustancia ofensiva. Para casi todo el mundo, una inflamación aguda, con el dolor, la hinchazón y el enrojecimiento consiguientes, es una experiencia desagradable. Sin embargo, se trata de una acción muy positiva, necesaria para que el organismo pueda repararse.

El sistema inmunológico es el protector del organismo, siempre listo para entrar en acción cuando sea necesario. Moviliza sus recursos para combatir los invasores como las bacterias y los virus, para ayudar a la recuperación de lesiones y enfermedades o para crear una reacción ante un estímulo o agente nocivo externo. Y, para el cuerpo humano, uno de los estímulos más poderosos es la alimentación. El sistema inmunológico aborda los problemas generando una serie de respuestas, una de las cuales es la inflamación.

Existen muchas pruebas que demuestran que nuestra dieta tiene una influencia directa sobre el funcionamiento del sistema inmunológico. Por ejemplo, una dieta rica en fruta, verdura, ácidos grasos esenciales y cereales integrales puede ayudar a controlar la respuesta inflamatoria, mientras que una dieta pobre que consista principalmente en comidas preparadas, carnes rojas y productos lácteos puede producir inflamaciones innecesarias.

Algunos alimentos son conocidos por sus propiedades antiinflamatorias, como las fresas y las lentejas. Se cree que otros alimentos, como los tomates y las patatas, favorecen la inflamación.

Tipos de inflamación

Existen dos tipos de inflamación: aguda y crónica. La inflamación aguda se produce como una respuesta del organismo ante una lesión, una irritación, una infección o un alérgeno (que puede ser tanto una sustancia química como un alimento). La inflamación crónica es un problema de larga duración. Algunos factores que contribuyen a este problema son el uso excesivo de alguna parte del cuerpo, el desgaste general y el envejecimiento.

Los principales síntomas de una inflamación son: dolor, hinchazón, enrojecimiento y calor. Los provoca la dilatación de los vasos sanguíneos que circundan la zona afectada, que transportan mediadores inmunológicos (sustancias que intervienen en el proceso de inflamación) para distribuir o dispersar los tejidos o las bacterias dañadas. Ello constituye la primera parte del proceso de curación. Sin embargo, si por cualquier motivo esta curación no se produce, se genera una inflamación crónica, provocada por la sobreestimulación, la hiperactividad o la incapacidad de detenerse del sistema inmunológico, o por una combinación de los tres factores. Un ejemplo de este fenómeno

Los espárragos tonifican el hígado y ayudan a reducir la inflamación.

es el lupus sistémico, un trastorno autoinmunológico que puede afectar a muchos órganos del cuerpo (véase pág. 101).

El proceso de inflamación

La inflamación es un fenómeno habitual. Piense en lo que sucede cuando nos cortamos o nos golpeamos un dedo: la zona se enrojece y se hincha, a veces con dolor, y ello puede provocar una pérdida temporal de la funcionalidad. Esta reacción es igual en cualquier otra parte del cuerpo, independientemente de la causa, tanto si la lesión proviene de un golpe físico como de estrés interno o de un agente irritante.

de la movilización de nuestras defensas naturales para tratar la lesión, por pequeña que sea. Si se le da la oportunidad, el organismo puede curarse a sí mismo.

Las tres etapas de la inflamación

El proceso de inflamación es un fascinante esfuerzo conjunto de la piel, la sangre y las células inmunológicas para reparar y regenerar el tejido dañado. Consta de tres etapas.

La primera etapa se produce cuando el organismo entra en acción en el mismo instante que una parte se ve afectada. De forma inmediata, los vasos sanguíneos cercanos a la zona dañada se dilatan

Características de la inflamación

Enrojecimiento

Dolor

Hinchazón

Pérdida de funcionalidad

¿Qué significa?
En palabras sencillas, la terminación «itis» significa «inflamado», y se añade a varios términos para describir los problemas de la zona que designan. Por ejemplo, «artritis» designa una inflamación de las articulaciones («arthro» significa «articulación»). La «dermatitis» es una inflamación de la piel («derma» significa «piel»). La «itis» no es el único tipo de inflamación. Muchos otros trastornos como el asma, la enfermedad de Crohn (véase pág. 78) y la psoriasis también están asociadas a una respuesta inflamatoria.

Mucha gente reacciona ante una inflamación recurriendo a un analgésico antiinflamatorio. De hecho, somos tantos los que lo hacemos que los analgésicos sin receta se han convertido en los fármacos más vendidos en todo el mundo. Sin embargo, aunque la inflamación sea desagradable, en realidad es un síntoma positivo que indica que el sistema inmunológico funciona bien.

Es por ello que, en vez de ir corriendo a buscar el botiquín, deberíamos reconocer que el proceso de inflamación es una función vital del sistema inmunológico y que, cuando ocurre, sólo se trata

para que llegue más sangre al lugar, transportando con ella las células inmunológicas y los nutrientes necesarios para reparar y detener la lesión.

Durante la segunda etapa, el equipo de defensa inmunológica se lanza sobre cualquier bacteria que se halle presente. Las células neutrófilas se congregan en el tejido afectado y se preparan para engullir totalmente la bacteria y digerirla. Esta sorprendente respuesta, denominada fagocitosis, provoca que las células cambien de forma: les salen unos minúsculos brazos (pseudópodos) que rodean a la bacteria extraña y la desarman por completo. Posteriormente, las células liberan sustancias químicas que destruyen el microbio ofensivo. Asimismo, llevan antioxidantes que las protegen de los posibles daños que puedan provocarles los radicales libres.

En el proceso de fagocitosis no sólo se devoran las bacterias. Las células dañadas o muertas se eliminan del mismo modo. De este modo, llegamos a la tercera etapa, cuando la zona inflamada se sella, separándose del tejido circundante. Es posible que la zona afectada quede sensibilizada, a veces dolorida, y a menudo se notan en ella los latidos del corazón. Esto nos obliga a dejar descansar la zona lesionada. Las células inmunológicas (los mastocitos) liberan histamina, que aumenta la permeabilidad de los vasos sanguíneos. Así se facilita que las toxinas y los productos de desecho se arrastren y se eliminen más eficazmente.

La fiebre

La reacción más drástica del repertorio inflamatorio es la fiebre. Se produce cuando existe una infección resistente que requiere que las fuerzas inmunológicas se empleen a fondo. La fiebre puede ser alarmante, pero comprendiendo exactamente qué sucede podemos perderle el miedo. La fiebre genera una serie de reacciones separadas en el organismo que actúan conjuntamente para combatir la causa que la ha provocado. Estas respuestas, y sus causas, se describen en la tabla de la página siguiente.

La temperatura corporal sube con la fiebre, llegando a su punto máximo cuando la batalla contra la infección está en su punto culminante. Sin embargo, podemos sentir frío y escalofríos, lo que nos obliga a taparnos o, mejor aún, a guardar cama. Parece que el organismo se detenga. Nos sentimos débiles, tenemos los sentidos adormecidos, nos cuesta hablar, no nos apetece comer nada y puede que nos sintamos aislados del mundo que nos rodea. El cuerpo nos está diciendo que necesita un descanso ininterrumpido para recuperarse. Estos síntomas

pueden durar hasta tres días, más o menos lo mismo que tarda el sistema inmunológico en realizar su mágica tarea de rejuvenecimiento.

Durante este tiempo de retiro, el cuerpo lucha sin interrupción contra las bacterias invasoras. Las bacterias sobreviven y proliferan a 37 °C, la temperatura normal del cuerpo. Cuando subimos la temperatura, las bacterias no pueden crecer y su capacidad de reproducción se reduce. Las células procedentes de otras partes del cuerpo que las engullen aumentan. A medida que la temperatura corporal sube, el equilibrio de fuerzas se inclina a nuestro favor: ahora hay menos bacterias y un mayor número de glóbulos blancos. Es en este punto cuando la batalla está ganada: la fiebre cesa.

Por qué es buena la fiebre

La fiebre puede ser algo muy dramático y preocupante, tanto para quien siente la virulenta batalla que se libra en su interior como para las personas de su alrededor. La medicina moderna ha desarrollado métodos para bajar la fiebre; sin embargo, detener la fiebre interrumpe el proceso de defensa y suele ser la causa de brotes infecciosos más largos y reiterados. Por lo general, esto se comprueba en las infecciones de oído, nariz y garganta de los niños.

Con ello no queremos decir que no deba prestarse atención a la fiebre. En adultos, no es extraño que la fiebre llegue a los 40 °C. En períodos breves no acostumbra a ser peligrosa, pero esta incidencia siempre debe comunicarse al médico.

consejos de nutrición

La vitamina C ayuda a eliminar las toxinas y a bajar la temperatura. Si su hijo tiene fiebre, hágale tomar zumo de naranja diluido en agua a lo largo día.

Atención: En los niños, la fiebre es una respuesta frecuente y nunca debe ignorarse. Acuda al médico si la fiebre persiste, viene acompañada de somnolencia, delirio, vómitos persistentes o dolor intenso. Preste atención a las fiebres elevadas acompañadas de enrojecimientos en la piel, que no desaparecen al presionarlos: pueden ser un síntoma de meningitis y precisan una atención médica urgente. La fiebre elevada también puede provocar ataques epilépticos y, por lo tanto, requerir medidas de control para enfriar el cuerpo.

Causas de inflamación

Existen varios factores ambientales, metabólicos, nutricionales, estructurales, digestivos, infecciosos o farmacológicos que pueden desencadenar una inflamación. Existen cinco sustancias que responden a esas influencias: la histamina, las cininas, las prostaglandinas, los leucotrienos y el complemento. Algunas son beneficiosas, y otras no. En la tabla de la página 96 se ofrecen fuentes nutritivas para favorecer o combatir estas sustancias.

Histamina

Esta sustancia procede de los mastocitos y se fabrica a partir de un aminoácido denominado histidina. La histamina tiene muchos efectos sobre el organismo, algunos de los cuales intervienen en el proceso inmunológico. Contrae los músculos lisos y estimula la dilatación de los vasos sanguíneos. Se libera en grandes cantidades cuando la piel ha sido lesionada, como se ve cuando se desarrolla una hinchazón. Algunas personas producen más histamina que otras. Las personas que padecen fiebre del heno suelen ser unos grandes productores de histamina.

Para contrarrestar algunos efectos de la inflamación, es importante reducir la producción de histamina. Ello puede lograrse sin recurrir a los típicos fármacos antihistamínicos, simplemente incluyendo en la dieta algunos nutrientes básicos, como se indica en la tabla de la página 96. Los antihistamínicos pueden tener un efecto negativo sobre el organismo,

La reacción del organismo durante la fiebre

Respuesta	Razón
Aumento de la temperatura	Reduce la actividad de las bacterias que proliferan a la temperatura corporal normal.
Respiración acelerada	Aumenta el flujo de oxígeno a través del organismo.
Pulso acelerado	Bombea más sangre hacia la zona afectada, llevando nutrientes esenciales para curar y reparar los tejidos.
Sudor	Acelera la eliminación de toxinas a través de la piel y regula la temperatura.

ya que el hígado se ve obligado a depurarlos y recibe una presión innecesaria. Esto provoca que el hígado sea menos eficaz a la hora de depurar la histamina natural, lo que crea una necesidad de antihistamínicos y genera un círculo vicioso.

Cininas

Las cininas son unos polipéptidos («poli» significa «muchos»; «péptido» significa «molécula proteica»). Al igual que la histamina, proceden de aminoácidos. Al contrario de otras partes de las fuerzas inmunológicas, las cininas no circulan por la sangre: sólo se producen en respuesta a una lesión de los tejidos o cuando se produce un cambio en la temperatura corporal, como sucede con la fiebre.

El organismo precisa un estricto equilibrio entre la acidez y la alcalinidad y emplea mecanismos de control para mantenerlo. Las cininas se liberan en la sangre cuando este delicado equilibrio ácido/alcalino (el pH) se altera en respuesta a una lesión de los tejidos, causada por una acidez elevada. Por ejemplo, el estrés provoca un estado

Prueba casera del nivel de histamina

Para tener una orientación sobre su nivel de histamina, realice esta sencilla prueba. Súbase la manga y rásquese ligeramente la cara interna del antebrazo desde la muñeca hasta el codo. Al cabo de unos momentos, aparecerá una marca roja en el lugar donde se ha rascado. Es la histamina, que acude al lugar dañado para ayudar a su curación. Cuanto mayor sea la intensidad del enrojecimiento y la posible hinchazón, mayor es su nivel de histamina.

muy ácido del organismo, al igual que una dieta rica en proteínas.

Prostaglandinas

Las prostaglandinas son sustancias con una vida muy breve que funcionan como hormonas. Actúan sobre los tejidos más próximos y provocan la constricción de los músculos lisos. Las prostaglandinas se producen a partir de ácidos grasos esenciales, que deben obtenerse a través de la dieta. Existen tres tipos diferentes de prostaglandina: la Pg-1, la Pg-2 y la Pg-3.

La Pg-1 y la Pg-3 son muy importantes para el organismo. No sólo son antiinflamatorias, sino que ayudan a reducir el colesterol y la presión sanguínea y a evitar la formación de coágulos. También ayudan a aumentar los niveles de lipoproteína de alta densidad (HDL) del organismo para protegerlo de las enfermedades cardíacas.

La Pg-2 es una prostaglandina «mala» que promueve la inflamación. También hace aumentar el colesterol y la presión sanguínea, estimula la formación de coágulos y reduce el nivel de HDL. Evite los alimentos que contengan Pg-2, como los productos animales y lácteos, que son ricos en grasas saturadas.

Leucotrienos

Conocemos menos datos sobre los leucotrienos que sobre otros mediadores de la inflamación. Están relacionados con las prostaglandinas y se generan a partir de ácido araquidónico. Los leucotrienos favorecen la respuesta inflamatoria y, sobre todo, las respuestas alérgicas.

Complemento

El complemento es una proteína presente en la sangre que normalmente se encuentra inactiva. Existen unos diez tipos distintos de complemento. Cuando se activan mejoran, o complementan,

Nutrientes que reducen la inflamación producida por varias sustancias

	Nutrientes
Para contrarrestar la histamina 	• La grosella negra, el kiwi, las cerezas y los escaramujos son alimentos ricos en vitamina C, un antihistamínico natural. Lo ideal es tomarlos con bioflavonoides para mejorar la absorción de la vitamina. • La quercetina evita que los glóbulos blancos reaccionen ante un exceso de histamina y se considera un potente antiinflamatorio. Se encuentra en las algas azuladas como la espirulina y el varec. • La raíz de jengibre es otro antihistamínico natural que puede emplearse tanto crudo como cocido (véanse págs. 130-155). • Las vitaminas del complejo B, como la biotina, la colina y el inotisol, benefician al hígado, que depura la histamina que circula por la sangre. Se encuentran en el alforfón, el arroz integral, el hígado de ternera, el pollo, los huevos, las lentejas, la avena y las pipas de girasol. • La metionina es un aminoácido esencial, necesario para una depuración óptima del hígado. Se encuentra en los huevos, el pescado, la carne y las aves.
Para combatir las cininas 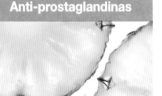	• Una dieta rica en verduras y fruta reduce el nivel de cininas. • El zumo de arándanos agrios es altamente alcalino y ayuda a reequilibrar el organismo si se encuentra en un estado demasiado ácido. • Los alimentos ricos en proteína, como el pollo, el tofu, los frutos secos, el pescado y las legumbres promueven la acidez. • La sal, la salsa de soja, el vinagre y otros condimentos generan mucha acidez.
Anti-prostaglandinas 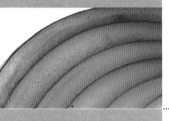	• La piña contiene bromelina, que bloquea las prostaglandinas proinflamatorias, además de aumentar las prostaglandinas antiinflamatorias. • El jengibre inhibe las prostaglandinas proinflamatorias. • Las enzimas que garantizan la producción eficaz de prostaglandinas proinflamatorias requieren vitaminas C, B3, B6 y biotina, así como magnesio y zinc.
Anti-leucotrienos	• La quercetina evita la liberación de leucotrienos. La fuente más concentrada de quercetina se encuentra en las capas externas de las cebollas. Es más abundante en las cebollas rojas. • La cúrcuma contiene curcumina, que reduce la producción de leucotrienos proinflamatorios. • Todos los productos animales contienen arginina, un aminoácido del que se cree que inhibe la acción de los leucotrienos.
Para inhibir la activación del complemento 	• Las vitaminas A, C y E y los minerales de selenio y zinc son antioxidantes, por lo que ayudan a neutralizar los radicales libres. Las frutas y las hortalizas amarillas, verdes y anaranjadas contienen vitamina A (excepto los tomates y los pimientos). La vitamina C se encuentra en abundancia en las bayas, el boniato y el kiwi. El selenio se halla presente en el marisco y el ajonjolí, mientras que el zinc puede obtenerse de las pipas de calabaza y las ostras.

el sistema inmunológico; de ahí viene su nombre. Sirven para dilatar las arteriolas, unas pequeñas arterias que abastecen los capilares. El complemento también interviene en la liberación de histamina de los mastocitos, exacerbando así la inflamación.

Hiperinmunidad: un sistema inmunológico fuera de control

Hemos visto que la inflamación es una forma esencial y eficaz que tiene el organismo de repararse a sí mismo. Siendo así, ¿por qué y cómo se vuelve dañino el proceso inflamatorio? Existen cuatro razones por las que el sistema inmunológico puede verse sobreestimulado.

1 El sistema inmunológico recibe amenazas frecuentes o constantes.

Algunos ejemplos de estas amenazas son las intolerancias alimentarias, los factores ambientales como las sustancias tóxicas y la contaminación, las infecciones, las vacunas, el exceso de alcohol, la nicotina, las drogas, una dieta rica en grasas saturadas y un consumo excesivo de comidas precocinadas.

2 Puede haber una manifestación excesiva de la respuesta inflamatoria normal.

Ello puede atribuirse a carencias de nutrientes, especialmente de los antioxidantes y los bioflavonoides que se encargan de neutralizar los radicales libres dañinos.

3 El sistema inmunológico no cesa en su acción cuando la inflamación ya ha cumplido con su misión.

Ello desemboca en la autoinmunidad, una afección en la que el cuerpo no distingue entre sus propias células y los cuerpos extraños. Se llega a un estado de confusión (con frecuencia desencadenado por agotamiento, infecciones víricas y bacterianas, y, en ocasiones, por la administración de vacunas) en el que el organismo se vuelve contra sí mismo y ataca a sus propias células, en vez de defenderlas de los invasores externos.

4 Las fuerzas inmunológicas se movilizan de una forma inadecuada.

Ello puede producirse por una hiperactividad del sistema inmunológico o como resultado de una lesión de las células de un órgano (un ejemplo de este caso es la artritis reumatoide). La tabla de la página 99 muestra algunos alimentos que ayudan a combatir las afecciones debilitantes como la artritis reumatoide y la osteoartritis.

Factores endocrinos

Las glándulas endocrinas, como la tiroides, el páncreas y los ovarios, pueden influir en la hiperinmunidad. Esto sucede cuando una persona ha sufrido una lesión física, ha padecido un estrés prolongado o se está recuperando de una enfermedad de larga duración. Como consecuencia de la sobrecarga que padece, el sistema inmunológico ejerce una presión adicional sobre las glándulas adrenales, provocando un desequilibrio hormonal. Ello puede desencadenar que algunas células del organismo empiecen a atacarse a sí mismas. Un ejemplo de ello es la enfermedad de Grave y la diabetes del tipo 2 (de inicio en la edad adulta).

consejos de nutrición

Para aliviar la cistitis, beba como mínimo tres vasos al día de zumo de arándanos sin azúcar, hasta que los síntomas desaparezcan. Este zumo es muy alcalino, cualidad que permite equilibrar la acidez de la vejiga inflamada.

alérgenos y trastornos inflamatorios

Existe una estrecha relación entre las alergias alimentarias y la inflamación. Algunas reacciones habituales provocadas por alérgenos son: estornudos, dolor de cabeza, retención de líquidos o hinchazón en el vientre. A ellas debe añadirse la inflamación, especialmente de las articulaciones y, sobre todo, la que se produce en los trastornos artríticos.

En este apartado examinaremos una serie de trastornos habituales que tienen la inflamación como síntoma, y ofreceremos consejos sobre cómo combatirlas. Para empezar, vamos a conocer algo más sobre la «batalla» que se desencadena entre una alergia alimentaria y el aparato digestivo.

¡A por el intruso!

El proceso de la alergia alimentaria se inicia en la capa interior del intestino, que es tan delgada como los párpados. Algunas sustancias, como las vitaminas y los minerales, son capaces de traspasar esta capa y pasar a la sangre. Algunas veces, sin embargo, la capa interior del intestino permite que penetren en la sangre alimentos parcialmente digeridos (que aún no han sido totalmente disgregados por el aparato digestivo). Esta afección se denomina permeabilidad intestinal. Encontrará más información sobre ella en la página 71.

Al no reconocer las moléculas de alimentos en la sangre, los glóbulos blancos lanzan un ataque. Para que el tipo de alimento invasor pueda ser identificado y atacado en el futuro, el sistema inmunológico fabrica anticuerpos para emplearlos contra esa sustancia, por si vuelve a detectarla en la sangre. Si el intestino es permeable, aumenta el riesgo de que se reproduzca una respuesta intolerante y produzca una inflamación en las zonas más vulnerables, como las articulaciones y los cartílagos.

Responsables alimentarios

A veces es un alimento el que provoca una reacción directa. Los alérgenos más habituales en Europa son el trigo, los productos lácteos y los cítricos. Si cree que puede tener una alergia alimentaria, acuda a un especialista en nutrición para determinar a qué es alérgico y diseñar un plan alimentario que excluya esos alimentos.

Trastornos inflamatorios:
Osteoartritis y artritis reumatoide

Cuando la gente habla de la artritis, raramente sabe que existen muchas variedades distintas de esta afección que debilita las articulaciones. Sin embargo, los dos tipos más frecuentes son la artritis reumatoide y la osteoartritis. Ambas presentan diferencias significativas y existen nutrientes específicos para combatirlas (véase la tabla de la pág. 99). Las personas que las padecen deben intentar seguir el plan de tratamiento antiinflamatorio de la página 103.

Diferencias entre la osteoartritis y la artritis reumatoide

Osteoartritis	Artritis reumatoide
• Efectos estructurales y degenerativos.	• Tiene una causa sistémica, bacteriana o vírica. Un análisis de sangre mostrará la presencia de un factor reumatoide autoinmunológico.
• Puede estar provocada por una lesión o un desgaste de las articulaciones.	• Puede estar provocada por alergias, intolerancias, carencias nutricionales o radicales libres.
• Es probable que exista un desequilibrio del nivel de calcio.	• Suele manifestarse a partir de los 30 años. En ocasiones afecta a los niños. La padecen tres veces más las mujeres que los hombres.
• Normalmente, se inicia a mediana edad.	
• La padece el 90 por ciento de la población.	• Se presenta en dedos, muñecas, rodillas y tobillos.
• Suele afectar a las caderas, las rodillas y los tobillos.	• La zona afectada presenta inflamación, enrojecimiento, hinchazón y retención de líquidos.
• Las articulaciones afectadas presentan dolor y rigidez.	• Se manifiesta de forma aguda en períodos esporádicos e intermitentes y luego remite.
• Se produce de forma gradual y progresiva.	

Nutrientes necesarios para combatir la artritis

Siga los siguientes consejos de nutrición y las indicaciones del plan de tratamiento antiinflamatorio de la página 103.

Osteoartritis	Artritis reumatoide
• Sulfato de condroitina en forma de suplemento mineral para la regeneración de huesos, ligamentos y cartílagos.	• Ácidos grasos esenciales que intervienen en la acción antiinflamatoria de la Pg-1 y la Pg-2. Se encuentran en los frutos secos, las semillas y sus aceites, y en el pescado azul como el salmón y la caballa.
• Calcio y magnesio para la formación ósea. El magnesio es esencial para la reabsorción del calcio. Se encuentra en las hortalizas con hojas de color verde oscuro, el queso, los frutos secos y las semillas.	• Biotina y vitamina B3, co-factores de la acción antiinflamatoria de los ácidos grasos esenciales. Presentes en los cereales integrales, las lentejas, el hígado, el atún, la soja y las pipas de girasol.
• Manganeso, un co-factor para la reabsorción ósea. Lo contienen el jengibre, el aguacate, el alforfón y las espinacas	• Cromo, que interviene en la inflamación relacionada con la insulina. Se encuentra en la levadura de cerveza, el pollo, las ostras y los cereales.
• Boro y sílice, oligoelementos presentes en el varec y otras algas marinas.	
• Vitamina D, esencial para la reabsorción del calcio. Se halla presente en el pescado azul y se sintetiza en el cuerpo al exponerse a la luz solar.	

Espondilitis anquilosante

La espondilitis anquilosante es un trastorno artrítico, aunque está menos documentado que los demás tipos de artritis. Su nombre designa una inflamación de las articulaciones de la columna vertebral.

Esta enfermedad es más habitual en los hombres jóvenes y de mediana edad y afecta a los puntos en los que los ligamentos y los tendones se unen a las articulaciones óseas. Suele empezar en el punto de unión entre la pelvis y la columna (la articulación sacroiliaca). Los síntomas clásicos son rigidez en la columna y dificultad para mantener la cabeza erguida al andar.

Por lo general, la espondilitis anquilosante afecta primero a la zona lumbar, en la que se manifiesta en forma de dolor y rigidez. En casos extremos que no se tratan, las vértebras pueden llegar a soldarse, provocando incomodidad y dolor y restringiendo gravemente la movilidad.

Las indicaciones recogidas en el plan de tratamiento antiinflamatorio de la página 103 ofrecen cierto alivio para este trastorno y, en muchos casos, pueden ayudar a reparar el daño que produce en sus primeras etapas. Sin embargo, recomendamos acudir a un médico o especialista en nutrición y a un fisioterapeuta para diseñar con ellos algunos ejercicios que ayuden a dar movilidad a la zona.

Fibromialgia

Este trastorno reumático se caracteriza por un dolor muscular crónico sin ninguna causa física evidente, a menudo descrito por quienes lo padecen como una punzada o una sensación de ardor. La fibromialgia afecta a la zona lumbar, cuello, hombros, muslos y a la parte superior del pecho, aunque también pueden verse afectadas otras zonas. El dolor suele ser más intenso por la mañana. Otros síntomas son: rigidez, hinchazón, fatiga y entumecimiento. Asimismo, son

habituales los problemas de insomnio y los pacientes suelen presentar cansancio crónico.

La presencia de nueve «puntos sensibles» específicos, que producen dolor al presionarlos, es un síntoma significativo de la fibromialgia. Los nueve puntos son los siguientes:

• Las vértebras cervicales.
• La segunda articulación de las costillas.
• La parte superior del muslo.
• El centro de la rodilla.
• Los músculos de la base del cráneo.
• Los músculos del cuello y de la zona dorsal.
• Los músculos de la zona media de la espalda.
• La parte lateral del codo.
• Los músculos laterales y superiores de las nalgas.

Los síntomas de fibromialgia son más frecuentes en las mujeres que en los hombres, y empiezan al inicio de la edad adulta. Si no se tratan, se intensifican con la edad. En muchos casos, los síntomas remiten rápidamente por sí solos, pero suelen volver si no se sigue un tratamiento. Con las indicaciones del programa de tratamiento antiinflamatorio de la página 103 es posible reducir la inflamación muscular.

Esclerosis múltiple

La esclerosis múltiple es una inflamación de la capa grasa protectora que envuelve las células nerviosas, conocida como la cubierta de mielina. A medida que la inflamación avanza, la cubierta de mielina se rompe y se sustituye por un tejido cicatrizado, dejando así inutilizado el nervio recubierto. En sus etapas más avanzadas, la enfermedad puede tener unos efectos devastadores sobre la movilidad, el habla y la capacidad de desenvolverse del paciente.

Los ácidos grasos esenciales antiinflamatorios contenidos en el pescado, los frutos secos y las semillas son de vital importancia, y deben evitarse totalmente los alimentos proinflamatorios. Se han realizado muchas investigaciones que avalan la eficacia del tratamiento dietético para aliviar los dolorosos síntomas de la esclerosis múltiple. Siga las indicaciones del plan de tratamiento antiinflamatorio de la página 103.

Bronquitis y asma

Estas dos afecciones están estrechamente vinculadas y ambas son de tipo inflamatorio. La bronquitis es la inflamación de los bronquios; el asma designa la dificultad para respirar debida a la inflamación de los bronquios, unida a una producción excesiva de mucosidad.

Existen dos categorías de bronquitis. La bronquitis aguda suele estar provocada por una infección vírica (normalmente de las vías respiratorias) como la gripe o el resfriado. La bronquitis crónica suele proceder de una irritación frecuente de los bronquios y puede deberse a la exposición a toxinas, sustancias químicas o al humo del tabaco.

Para los asmáticos existen muchos agentes ofensivos posibles, que pueden iniciar un ataque, desde influencias ambientales como las sustancias químicas, las plumas o los aditivos alimentarios hasta la ansiedad, o incluso un nivel bajo de azúcar en sangre. Todos estos factores producen una irritación e inflamación de los músculos que rodean a los bronquios, reduciendo así el flujo de aire que entra y sale de los pulmones y dificultando la respiración al asmático.

Ambos trastornos pueden aliviarse en gran medida siguiendo las indicaciones del plan de tratamiento antiinflamatorio de la página 103. Aunque no aborde todas las causas, puede ayudar a aliviar muchos de los síntomas. En todo caso, es necesario acudir al médico o a un especialista en nutrición para identificar y eliminar los alérgenos.

Lupus

El lupus es una enfermedad autoinmunológica que se produce cuando el organismo no puede distinguir entre lo que le es propio y lo que le es extraño, de modo que ataca a sus propios tejidos. Puede ser sistémico (afectando a todo el organismo, tanto a los sistemas como a los órganos). Algunos pacientes desarrollan unas peculiares marcas rojas en las mejillas, que se han asociado a las marcas de un lobo. De ahí el nombre de la enfermedad: «lupus» significa «lobo» en latín.

Existen dos tipos de lupus, que se distinguen por su gravedad. El tipo menos grave, conocido como lupus eritematoso discoide, provoca la aparición de pequeñas lesiones en la piel que dejan cicatrices cuando desaparecen. El lupus sistémico eritematoso es más grave, pues sus efectos no se limitan a problemas cutáneos. En sus primeras etapas es similar a la artritis y es habitual que se manifieste como una inflamación de las articulaciones y las manos. Con frecuencia estos síntomas iniciales vienen acompañados de fiebre, y muchos pacientes desarrollan después una inflamación en los riñones (nefritis) u otros órganos.

Las indicaciones del plan de tratamiento antiinflamatorio de la página 103 pueden aportar alguna mejora, pero es vital acudir al médico desde el primer síntoma.

Tendinitis y bursitis

La tendinitis es una inflamación de los tendones, mientras que la bursitis consiste en la inflamación de las bolsas serosas, unos cojines llenos de líquido que lubrican las articulaciones y reducen la fricción. Ambos trastornos suelen manifestarse tras algún tipo de lesión, como las producidas por una presión o un estiramiento repentinos. Los movimientos repetitivos también pueden provocar bursitis: el dolor de rodilla del ama de casa y la inmovilidad del hombro son ejemplos de esta afección.

Ambas condiciones son inflamatorias y suelen ser difíciles de distinguir. La bursitis suele presentarse con una hinchazón dolorosa y una acumulación de líquido, mientras que la inflamación de la tendinitis no resulta tan evidente ni es tan grave. La bursitis suele caracterizarse por un dolor persistente que se agudiza con el movimiento, mientras que la tendinitis suele provocar un dolor más agudo.

Para tratar ambos trastornos, siga las indicaciones del plan de tratamiento antiinflamatorio de la página 103.

Gota

La gota se denomina a veces artritis cristalina, ya que la provoca un exceso de ácido úrico en la sangre, los tejidos y la orina. El ácido úrico es una sustancia producida por el organismo que se excreta en la orina, a través de los riñones.

El ácido úrico puede cristalizarse dando lugar a pequeños cristales en forma de aguja, que se clavan en medio de las articulaciones, provocando dolor. La gota suele manifestarse en el dedo gordo del pie, y también en las rodillas y en los tobillos. Un análisis de sangre puede confirmar si los niveles de ácido úrico en la sangre son más elevados de lo normal.

consejos de nutrición

Los flavonoles y el alto contenido alcalino del zumo de cereza neutralizan de forma eficaz el ácido úrico. Un vaso al día le ayudará a aliviar el dolor de la gota.

Los síntomas se asemejan a los de otros tipos de artritis en que las zonas afectadas presentan dolor e inflamación.

Anteriormente, la gota solía asociarse a un nivel de vida muy alto y al consumo de alimentos caros (a causa de la relación existente entre estos alimentos y la producción de ácido úrico). Actualmente, sabemos que determinados alimentos contienen una sustancia denominada purina que provoca una producción excesiva de ácido úrico. Alimentos ricos en purina son: la carne, las comidas ricas en grasas saturadas, las anchoas, el arenque, la caballa, las sardinas, las vieiras, el hígado, los riñones, las mollejas de ternera y las huevas de pescado. Si es usted propenso a padecer gota, debe evitar estos alimentos.

Alimentos bajos en purina son el arroz, el mijo, los aguacates, las hortalizas verdes, la leche de cabra, el yogur de cabra, los huevos y la fruta no cítrica.

Fiebre del heno

La fiebre del heno es una alergia a ciertas partículas del aire y constituye un buen ejemplo de cómo se manifiesta la respuesta inflamatoria en las vías respiratorias.

Cuando una persona que padece fiebre del heno inhala el polen del aire, éste le provoca una secreción de histamina, inmediatamente después de que el alérgeno entre en contacto con los pulmones. La histamina desencadena la inflamación (véase pág. 94). La fiebre del heno no sólo la provoca el polen: los ácaros del polvo, el pelo o las plumas de animales o ciertas sustancias químicas también pueden desencadenar reacciones similares.

Los mastocitos liberan histamina para estimular la expulsión del polen o de cualquier otro alérgeno; en otras palabras, nos hacen estornudar. Un antihistamínico puede reducir esta respuesta y, por consiguiente, los síntomas, pero al mismo tiempo puede suprimir el sistema inmunológico. Al tratarse de sustancias químicas, los antihistamínicos tienen que ser eliminados por el hígado, que ya se encuentra saturado por el exceso de histamina natural. Es necesario romper este ciclo.

Si decide usted tomar algún complemento nutricional, empiece antes de la estación en la que se le manifiesta la fiebre del heno para que su organismo tenga tiempo de armar su inmunidad y de acumular unos niveles altos de los diferentes nutrientes.

Sabemos que, aun así, muchas personas necesitan tomar algún tipo de medicación. Aunque los antihistamínicos puedan ser eficaces, tenga en cuenta la relación existente entre la histamina y el hígado y limítese a la dosis indicada. Muchas personas prefieren una inyección antialérgica. Estas inyecciones reducen la secreción de histamina y son una buena forma de obtener una protección durante aproximadamente un mes. Sin embargo, también afectan a la inmunidad general, con lo que el paciente es más propenso a sufrir resfriados y otras infecciones, por lo que los médicos no suelen recomendarlas.

Consuma alimentos ricos en las vitaminas A, B y C, calcio, bioflavonoides, quercetina, metiotina y coenzima Q10, todos ellos con propiedades antiinflamatorias.

Plan natural de tratamiento antiinflamatorio

- Evite alimentos como los cítricos, el trigo, los huevos, el marisco, los productos lácteos y el chocolate. Muchas inflamaciones relacionadas con alergias se desencadenan por estos alimentos.

- No consuma hortalizas de la familia de las solanáceas, que incluye la patata, el tomate, el pimiento, la berenjena, el ruibarbo y el calabacín.

- Tome alimentos ricos en vitamina A, como las frutas y hortalizas rojas y amarillas como las ciruelas, los melocotones, la calabaza común y pastelera y la remolacha.

- Consuma alimentos ricos en vitamina C, como las fresas, el kiwi y los boniatos.

- Tome alimentos que contengan bioflavonoides, que ayudan a la producción de vitamina C. Se encuentran en las hortalizas amarillas y verdes, tales como la calabaza pastelera, el brécol y la col rizada, y en bayas como la grosella negra.

- Los aguacates, el ajonjolí, las pipas de calabaza y de girasol son ricas en vitamina E, que ayuda a calmar la inflamación.

- La quercetina es un potente antiinflamatorio por su capacidad de retardar la secreción de histamina. La contienen las cebollas y el varec.

- La metiotina es un aminoácido presente en los alimentos proteicos. Se une a la histamina sobrante, reduciendo la gravedad de las reacciones. El atún, la caballa, el arenque, la sardina, el salmón, el pollo y el tofu contienen proteínas de la clase A.

- La bromelina es uno de los antiinflamatorios más potentes. Se halla presente en la piña y los frutos secos.

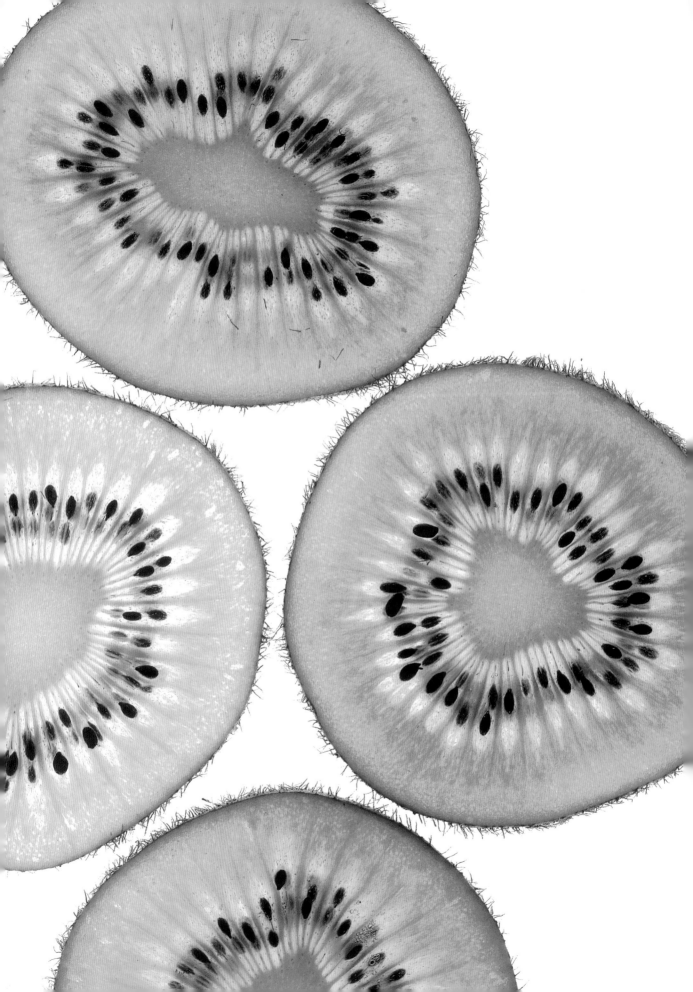

el corazón y la circulación

Las investigaciones científicas demuestran que el corazón es capaz de recuperarse tras una lesión. Las enfermedades cardíacas son una de las causas más frecuentes de mortalidad, por lo que merece la pena introducir cambios en la dieta y en el estilo de vida. Este incansable músculo bombea cada día unos 10.000 litros de sangre a través de todo el organismo.

Las primeras etapas de las enfermedades arteriales presentan pocos síntomas. De hecho, la mayoría de las personas que las padecen no notan ningún problema hasta que sufren un infarto o una apoplejía. A pesar de ello, las enfermedades cardíacas son una de las causas más importantes de mortalidad en los países occidentales. Casi todos los problemas cardíacos pueden prevenirse o mejorarse significativamente a través de la dieta.

El motor del sistema cardiovascular es el corazón, que bombea la sangre por todo el organismo a través de una intrincada red de venas y arterias. Básicamente, el corazón es un poderoso músculo que requiere nutrientes para llevar a cabo su tarea. La sangre actúa como medio de transporte y lleva oxígeno fresco (y nutrientes) a todos los tejidos, músculos y células del organismo.

De los principales vasos que rodean el corazón surgen unos minúsculos capilares que distribuyen el oxígeno en las células y se llevan los productos de desecho. La sangre se lleva los residuos y se deshace de ellos a través de los riñones, el hígado y los pulmones. De vuelta a los pulmones, la sangre se renueva con oxígeno y el ciclo vuelve a empezar.

Las venas y arterias que rodean el corazón tienen funciones distintas. Las arterias transportan la sangre renovada con oxígeno desde el corazón hacia otras partes del organismo, mientras que las venas transportan la sangre desoxigenada hacia el corazón. Para comprenderlo más fácilmente, podemos imaginar que la sangre es una especie de cadena de transporte que recorre todo el organismo, en la que los gases se dejan, se recogen, se vuelven a dejar y se intercambian en los puntos adecuados.

El sistema linfático

El linfático es un sistema totalmente cerrado y separado de las venas y las arterias, si bien forma parte del sistema circulatorio. El fluido que corre por este sistema de tipo arterial, equipado con válvulas de un solo sentido para impedir reflujos, se denomina linfa. Su misión es llevarse las toxinas de las arterias y las venas. El sistema linfático forma parte del sistema inmunológico y filtra y depura las sustancias potencialmente dañinas. La linfa pasa a través de los ganglios linfáticos, unas grandes zonas de recolección que atrapan a las bacterias y los virus e impiden que circulen libremente por el organismo causando daños. Estos ganglios contienen y producen linfocitos, un tipo de glóbulo blanco.

La vitamina C es una poderosa protección contra las enfermedades cardíacas. El kiwi contiene este nutriente esencial en abundancia.

Los linfocitos T se encargan de atacar a los organismos invasores. Las ganglios linfáticos están distribuidos por todo el cuerpo: en las axilas, en las ingles y especialmente debajo de la mandíbula. Este hecho explica los «ganglios inflamados» que experimentamos cuando padecemos una infección bacteriana: indican que el sistema inmunológico la está combatiendo.

Factores que contribuyen a las enfermedades cardíacas

Una vez hemos explicado cómo funciona el corazón, veamos ahora los factores que contribuyen al desarrollo de una enfermedad coronaria.

bombear con más fuerza. Cuando la grasa se acumula en el organismo, también lo hace en las arterias.

Edad

El riesgo de padecer una enfermedad coronaria aumenta con la edad, ya que el deterioro de las arterias se acumula con los años, con el consiguiente incremento de la presión sanguínea, que supone un factor de riesgo.

Ingesta de ácidos grasos trans

Una ingesta elevada de ácidos grasos trans, procedentes de las grasas saturadas que contienen

La probabilidad de padecer complicaciones cardiovasculares se reduce prácticamente a la de una persona que no haya fumado nunca, sólo diez años después de haber dejado de fumar.

Sexo

Los hombres padecen más enfermedades coronarias que las mujeres, y actualmente aún no se sabe por qué. Sin embargo, cuando las mujeres alcanzan la menopausia y dejan de contar con la protección del estrógeno, la hormona femenina, el nivel de incidencia de este trastorno se iguala prácticamente al de los hombres.

Sobrepeso

Está demostrado que el sobrepeso provoca un aumento de la presión sanguínea y afecta al delicado equilibrio entre el colesterol «malo» (lipoproteína de baja densidad, o LDL) y el colesterol «bueno» (lipoproteína de alta densidad, o HDL). Las personas obesas suelen ser incapaces de hacer ejercicio, con lo que aumentan su riesgo de padecer complicaciones cardiovasculares. El exceso de peso somete a un mayor desgaste a todos los órganos del cuerpo y sobre todo al corazón, que tiene que

los productos animales, incrementa el riesgo de padecer una enfermedad coronaria. Estos ácidos grasos se encuentran en alimentos como la margarina, los pasteles y las galletas. En la sangre, los ácidos grasos trans se convierten en triglicéridos, que, a niveles elevados, pueden aumentar los problemas cardiovasculares y hacer subir el nivel de colesterol.

Tabaco

El tabaco hace que el número de radicales libres crezca gastando las reservas de vitamina C del organismo y aumentando el riesgo de arteriosclerosis. Además, llena la sangre de nicotina y de monóxido de carbono. La nicotina produce la constricción de los vasos sanguíneos, incrementando el riesgo de padecer una trombosis o un infarto de miocardio. El monóxido de carbono favorece la formación de coágulos y reduce los niveles de oxígeno en los tejidos y músculos del organismo, incluido el miocardio. Se cree que el consumo habitual de cigarrillos aumenta el riesgo de padecer una enfermedad cardiovascular en un 100 por ciento. Tanto los fumadores de cigarrillos como los de puros tienen un mayor riesgo de padecer cáncer, se traguen o no el humo.

La increíble capacidad que tiene el organismo de recuperarse se pone de manifiesto en el riesgo que supone el tabaco. La probabilidad de padecer complicaciones cardiovasculares se reduce prácticamente a la de una persona que no haya fumado nunca, sólo diez años después de haber dejado de fumar. Esto significa que vale la pena dejar de fumar, sea cual sea nuestra edad e independientemente de los años que llevemos fumando.

Hipertensión

Si el flujo de la sangre a través del sistema circulatorio se ve entorpecido, la sección interior de las arterias se reduce. Ésta es una de las principales razones del aumento de la presión sanguínea. Tomarse la presión aporta una indicación del estado de la íntima (la capa interior de las venas y arterias). Una presión elevada puede indicar la presencia de una arteriosclerosis.

Falta de ejercicio

Se ha demostrado que la falta de ejercicio regular tiene un efecto perjudicial sobre el sistema cardiovascular. Es conveniente practicar un ejercicio aeróbico para hacer trabajar todos los músculos del cuerpo, incluido el propio músculo del corazón, para aumentar su capacidad y resistencia. Cuando el corazón late con más fuerza, la sangre fluye más rápidamente, con lo que se garantiza una mejor distribución de los nutrientes y el oxígeno, así como una eliminación más eficaz de los residuos. El ejercicio físico también aumenta el nivel del colesterol «bueno», el HDL, que actúa a nuestro favor.

Alcohol

Aparte del hecho de que el consumo excesivo de alcohol provoca un aumento de peso y de la presión sanguínea, el alcohol provoca que las plaquetas se vuelvan más pegajosas, por lo que la sangre se espesa y su paso a través de los vasos sanguíneos se ve dificultado.

Sin embargo, una pequeña cantidad de alcohol, en especial de vino tinto, tiene algunos efectos beneficiosos. El vino tinto contiene quinona, un antioxidante que ayuda a reducir el colesterol y a evitar la creación de placas en los vasos sanguíneos. Se cree que dos o tres vasos de vino por semana son beneficiosos, pero una cantidad mayor puede ser perjudicial. El alcohol también estimula la excreción del magnesio, un mineral esencial para la buena salud del corazón.

Diabetes

El trastorno conocido como diabetes del tipo 2 (véase pág. 10) aumenta el riesgo de padecer hipertensión. El organismo del diabético produce grandes cantidades de insulina, pero el azúcar que circula por la sangre no responde ante ella, por lo que los vasos sanguíneos más pequeños pueden quedar revestidos de azúcar. Ello provoca que el riesgo de una cardiopatía sea diez veces mayor entre las personas que padecen este tipo de diabetes que entre las que no la padecen.

consejos de nutrición

Los ácidos grasos esenciales omega-3, presentes en el pescado azul, las pipas de girasol y de calabaza, reducen la coagulación sanguínea. Se recomienda tomar un puñado de estas beneficiosas semillas cada día, y una ración de pescado 3 o 4 veces a la semana.

Historia familiar

Se cree que el 25 por ciento de la población tiene un mayor riesgo de padecer un infarto a causa de una

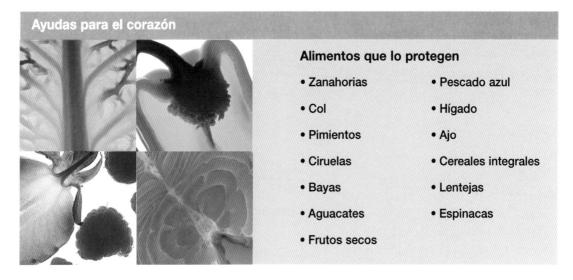

Ayudas para el corazón

Alimentos que lo protegen

- Zanahorias
- Col
- Pimientos
- Ciruelas
- Bayas
- Aguacates
- Frutos secos
- Pescado azul
- Hígado
- Ajo
- Cereales integrales
- Lentejas
- Espinacas

predisposición genética. Se supone que este aspecto explica el deterioro arterial que tiene lugar en ciertas personas no consideradas como sujetos de riesgo (no son fumadores, hacen ejercicio físico regularmente, siguen una dieta saludable, tienen un peso correcto y una presión sanguínea adecuada). En general, si existe una historia familiar de cardiopatías, es necesario prestar una atención especial a la dieta y al estilo de vida.

Una minoría de la población, aproximadamente 1 persona de cada 500, padece un trastorno denominado hipercolesterolemia familiar. Este error genético provoca unos niveles de colesterol excesivamente elevados. Las familias que padecen hipercolesterolemia deben tener un especial cuidado con su dieta (y evitar todas las grasas saturadas) y su estilo de vida.

Homocisteína
Estudios recientes han confirmado la intervención de otro posible factor genético en las cardiopatías. La homocisteína es un metabolito proteico que, como todos los demás productos metabólicos, debe eliminarse del organismo. En algunas personas puede producirse una acumulación perjudicial de esta sustancia.

Se ha descubierto que algunas vitaminas, concretamente la B6 y la B12, suelen presentar niveles insuficientes en las personas con un nivel elevado de homocisteína en la sangre. Para ayudar a eliminar estas acumulaciones y evitar daños a largo plazo es conveniente tomar suplementos de estas vitaminas, así como el aminoácido denominado metionina.

Aunque hace más de 30 años que se realizan investigaciones en este campo, los investigadores han tardado mucho tiempo en darse cuenta de que este factor genético influye en el riesgo de padecer cardiopatías incluso más que el nivel de colesterol. Actualmente, existen pruebas para determinar el nivel de homocisteína, que son fáciles de practicar y forman parte del diagnóstico de los trastornos cardiovasculares.

Estrés
El estrés es una parte inevitable de la vida. El estrés continuado estimula la producción de adrenalina, que provoca un espesamiento de la sangre. Este proceso forma parte del síndrome de «luchar o huir» (véase págs. 55-57), cuando el cuerpo responde ante un peligro o ante una situación comprometida. El exceso de adrenalina de la sangre

se convierte en una sustancia denominada adrenocromo, que actúa como un radical libre y puede desencadenar la primera fase de una arteriosclerosis, ya que daña la íntima (la pared interna) de las arterias.

El estrés prolongado estimula la disgregación de los huesos, que liberan sus reservas de calcio en la sangre. Ello favorece la calcificación de las arterias, además de aumentar el riesgo de padecer una osteoporosis (véase pág. 59). El estrés también estimula la excreción del magnesio (véanse págs. 59-60). El equilibrio de estos dos minerales esenciales es vital para el buen funcionamiento del tejido muscular liso que forma parte del corazón: el calcio desencadena su contracción y el magnesio su relajación.

Sal

En el organismo, la sal (sodio) y el potasio se encuentran en un delicado equilibrio en todas las células. Juntos son responsables del mantenimiento del nivel adecuado de agua en todas las células, así como de la entrada y la salida de los nutrientes y los residuos. Si a través de la dieta entra en el organismo una cantidad extra de sal, este equilibrio se rompe y provoca la subida de la presión sanguínea.

La sal está presente en los alimentos de forma natural. Por ejemplo, el brécol crudo contiene aproximadamente un 0,25 por ciento de sodio, y las zanahorias un 0,3 por ciento. Aunque parezcan cantidades pequeñas, una persona que consuma tres raciones de verdura al día obtiene sobradamente el aporte de sodio necesario para el organismo.

Los alimentos procesados, ya sean aperitivos, comidas precocinadas o incluso verduras envasadas, aportan al organismo una cantidad excesiva de sodio. Los fabricantes ponen mucha sal en sus productos porque es barata y da sabor.

Si encuentra insípida la comida y necesita ponerle sal, puede que tenga una carencia de zinc. Compruébelo respondiendo a las preguntas del cuestionario de la página 64.

Para que las papilas gustativas rindan plenamente, es necesario contar con un aporte adecuado de zinc. Acuda a un especialista en nutrición si piensa tomar suplementos de zinc, ya que la dosis diaria de este mineral no debe exceder los 45 mg.

Colesterol

Hasta ahora, el colesterol era algo temible. Hace menos de 20 años, se creía que era la principal causa de las cardiopatías. Aunque es un factor contributivo, es importante recordar que nuestro organismo necesita y fabrica colesterol cada día para realizar sus funciones vitales.

El colesterol es una sustancia que se halla presente en el organismo de forma natural, producida por el hígado en cantidades variables (aunque acostumbran a ser menos de 3 g al día). Forma parte de las membranas de las células y se emplea para fabricar hormonas. Asimismo, es necesario para la síntesis de la vitamina D y, en el sistema nervioso, forma parte de la cubierta de mielina, el escudo protector de todas las células nerviosas.

consejos de nutrición

La toronja es una rica fuente de vitamina C y bioflavonoides, que ayudan a preservar la salud arterial. Tomando dos o tres a la semana se obtiene una gran cantidad de vitamina C, además de un aporte complementario de fibra que ayuda a reducir el colesterol.

Sin embargo, si se acumulan grandes cantidades, pueden provocar la formación de cálculos biliares, aglomerarse en forma de grasa formando celulitis o bien formar pequeños puntos blancos o amarillentos debajo de los ojos.

Existen dos tipos de colesterol: la lipoproteína de alta densidad (HDL, del inglés *High-Density Lipoprotein*) y la lipoproteína de baja densidad (LDL, del inglés *Low-Density Lipoprotein*). Ambos tipos se autoequilibran. El HDL retira el colesterol de las zonas vulnerables, llevándolo hacia el hígado para reciclarlo y eliminarlo, mientras que el LDL hace lo contrario: lleva el colesterol a las zonas del organismo que lo necesitan. Ambos se transportan en la sangre.

consejos de nutrición

La comida perfecta para la salud del corazón incluiría pescado, al menos dos tipos de hortalizas y un poco de arroz integral. Esta combinación aporta grandes cantidades de proteína, ácido eicosapentanoico, antioxidantes, vitaminas del complejo B, calcio, zinc y magnesio.

La proporción entre ambos debe ser de 3:1 a favor del LDL. Muchas personas tienen un nivel demasiaso elevado de LDL y un nivel reducido de HDL, lo que rompe el equilibrio ideal y permite que se acumule en el organismo el colesterol potencialmente dañino.

No hay dudas sobre ello: el nivel de colesterol LDL aumenta como consecuencia de la ingesta de grasas saturadas. Estas grasas se encuentran en las carnes rojas, los productos lácteos enteros y las comidas fritas. Cuantos más alimentos de este tipo consumamos, mayor será nuestro nivel de colesterol.

Sin embargo, si la cantidad de colesterol ingerido a través de la dieta es demasiado elevada, un organismo sano reducirá en consecuencia su propia producción de esta sustancia. El colesterol también puede acumularse si hay demasiado en la sangre o una falta de fibra en la dieta.

Enfermedades cardíacas

A continuación veremos algunas de las enfermedades que pueden afectar al corazón y al sistema circulatorio.

Arteriosclerosis

En este trastorno, las arterias se hacen más gruesas debido a la formación de depósitos de sales de calcio contenidas en la sangre, o como consecuencia del deterioro del tejido conjuntivo del corazón. Este engrosamiento provoca una pérdida de elasticidad, que a su vez reduce la flexibilidad de los vasos sanguíneos. Aunque con frecuencia se considere un aspecto natural del proceso de envejecimiento, existen muchos factores que contribuyen a una incidencia mayor, y posiblemente evitable, de la arteriosclerosis. Se trata de un trastorno muy habitual, y juntamente con la aterosclerosis (véase a continuación) es una de las principales causas de infartos y apoplejías. La nutrición tiene un papel determinante a la hora de prevenir estos trastornos.

Aterosclerosis

Las arterias están revestidas con una capa de tejido liso, denominado íntima, que puede quedar recubierto por una placa parecida a la que se forma en los dientes. Con el tiempo, esta placa forma una lesión compuesta de células irregulares.

Para intentar reparar esta lesión, se producen más células musculares lisas. Sin embargo, las células lesionadas no se dividen correctamente y algunas sustancias que fluyen constantemente por la sangre, como el colesterol LDL, el calcio y las plaquetas se adhieren a esta masa, engrosándola y reduciendo así el espacio disponible para que pase la sangre.

Con el tiempo, la circunferencia interna de la arteria se reduce a medida que crece la zona dañada. Otros tejidos lesionados que se hayan desprendido en otros puntos del flujo sanguíneo pueden atrancarse en la arteria que se ha hecho más estrecha, causando un bloqueo.

Según el punto donde se produzca el bloqueo y la consiguiente privación de oxígeno puede provocar un infarto (si se produce cerca del corazón) o una apoplejía (si se origina cerca del cerebro).

Se han realizado muchos estudios para descubrir cómo se lesionan las arterias, provocando así la necesidad de esa reparación, y se cree que los radicales libres tienen una intervención muy importante. Ello significa que son necesarios más antioxidantes que protejan la íntima. En particular, la vitamina C es necesaria para mantener la integridad de la pared arterial, y los estudios demuestran que puede ayudar a repararla.

Angina de pecho
El término «angina» significa «dolor», por lo que este término significa literalmente «dolor en el pecho». Se trata de un trastorno muy frecuente.

Es el resultado de lo que se denomina una «isquemia», es decir, una disminución del flujo sanguíneo hacia alguna parte del cuerpo. Si dicho flujo se ve limitado, la zona afectada padece una reducción del aporte de oxígeno y de nutrientes. Como consecuencia, se pone en peligro la integridad de las células de esa zona, aunque sin que lleguen a morir. El corazón necesita su propio aporte de sangre para seguir trabajando. Cuando se produce una isquemia, el corazón sigue latiendo con la misma fuerza, pero no recibe suficiente oxígeno y nutrientes para compensar la energía que gasta.

La angina se produce tras un período de este gasto energético sin compensación, por ejemplo tras practicar algún ejercicio físico o al subir unas escaleras. Los síntomas son: dolor en el centro pecho, en los brazos y la mandíbula, debilidad y mareos.

Infarto de miocardio
Un infarto se produce cuando la irrigación sanguínea del corazón se ve interrumpida por un bloqueo, ya sea en los vasos sanguíneos que van hacia el corazón como en la circulación interna del propio miocardio. Todos sabemos que un infarto puede ser fatal; pero mucha gente sobrevive tras sufrir uno, ya que la gravedad del infarto depende del punto del corazón donde se produzca el bloqueo.

Si alguien sobrevive a un infarto, algunas zonas del tejido cardíaco habrán muerto y se sustituirán por un tejido cicatrizado. Este tejido no es flexible y reduce la capacidad normal del corazón. Imaginemos un globo cubierto con un trozo de cinta adhesiva; esa parte está sólida e inflexible, por lo que se reduce la cantidad de aire que puede admitir el globo. Si aplicamos este ejemplo al corazón resulta obvio que no tendrá la misma capacidad de bombeo que antes del infarto. Existen tres etapas que conducen hasta el infarto. Son las siguientes:

consejos de nutrición

Al aguacate se le denomina «la fruta perfecta», ya que contiene todas las vitaminas antioxidantes y es especialmente rico en vitamina E, el nutriente que más protege al corazón.

Paso 1: Se cree que la combinación de una presión sanguínea elevada y la acumulación de lesiones provocadas por radicales libres (que no se han contrarrestado con una ingesta adecuada de antioxidantes) provoca daños en la íntima y forma una lesión.

Paso 2: Se acumula una placa en el lugar de la lesión y otras sustancias de la sangre se adhieren a ella. La placa aumenta, causando un aumento de la presión sanguínea. El organismo está siempre alerta ante una lesión, y al notar que existe un problema envía más glóbulos blancos a la zona afectada. Estos glóbulos se adhieren a la placa. Por una serie de procesos se producen más radicales libres, lo que provoca otra lesión, de modo que el ciclo vuelve a empezar.

Paso 3: Un fragmento de la placa se desprende bajo la presión del flujo sanguíneo y bloquea una arteria. Una parte del corazón se ve privada de oxígeno y se produce un infarto.

Apoplejía

La apoplejía es una causa muy frecuente de mortalidad. Afecta a muchas personas de entre 40 y 60 años y a algunas de edad más avanzada. En palabras sencillas, una apoplejía es como un infarto, sólo que en este caso el órgano afectado es el cerebro. Las arterias que llevan el oxígeno y los nutrientes esenciales al cerebro se ven afectadas por una arteriosclerosis o una aterosclerosis (o bien por ambas), con lo que se hacen más estrechas y aumenta el riesgo de bloqueo. Si el cerebro se ve privado de oxígeno durante más de dos minutos se producirán inevitablemente lesiones cerebrales. La coordinación motriz de varias partes del cuerpo se verá afectada, dependiendo de qué arterias se hayan bloqueado y de qué partes del cerebro estén lesionadas. En algunas personas, los efectos son relativamente leves, como la

imposibilidad de mover una extremidad; en otras, son devastadores, causando la parálisis total de una mitad del cuerpo o, en el peor de los casos, produciendo la muerte inmediata. Para los más afortunados es posible una recuperación parcial o incluso total, si bien ésta puede tardar meses o años, ya que la transmisión nerviosa afectada tiene una recuperación lenta.

Los factores responsables son muchos: predisposición genética, dieta rica en grasas, sobrepeso u obesidad, nivel alto de colesterol LDL, falta de ejercicio físico, vida sedentaria y el propio proceso de envejecimiento.

La prevención nutricional de la apoplejía se basa en una dieta baja en grasas saturadas, el consumo regular de pescado azul para reducir la acumulación de colesterol en las arterias y una elevada ingesta de fibra. La vitamina E es esencial para reducir la acumulación de plaquetas y hacer bajar la presión sanguínea, además de neutralizar el daño producido por los radicales libres.

Presión sanguínea elevada

Existen varias causas que provocan una presión sanguínea elevada. Una de las más habituales actualmente es el estrés, que hace aumentar los niveles de cortisol (véanse págs. 58-59, en referencia al estrés), lo que contrae las arterias y eleva la presión sanguínea, como sucede en el síndrome de «luchar o huir». Aunque esta respuesta es adecuada en algunas ocasiones, cuando el cuerpo necesita estar más alerta, el «estrés de

consejos de nutrición
Cocinar con cúrcuma puede ayudar a reducir el nivel de colesterol, ya que ésta contiene curcuminoide, una sustancia que tiene un efecto positivo sobre el colesterol «malo». La cocina hindú contiene muchas verduras y fibras solubles en sus curris picantes que contrarrestan las grasas saturadas de los platos con pollo, cordero y buey.

ejecutivo» continuado, tan habitual en nuestros días, tiene efectos perjudiciales a largo plazo. Otros factores que contribuyen a elevar la presión sanguínea son el consumo habitual de tabaco y alcohol, un exceso de sal, una elevada ingesta de grasas animales (saturadas) y la obesidad. Los estimulantes como el café y el té son también unas de las causas principales. Para combatir la presión alta es necesario cambiar de estilo de vida, más que intentar una solución rápida. La presión sanguínea elevada es una señal de alerta del organismo y no

basadas en proteínas cárnicas. Las habichuelas, las judías y las alubias de la variedad Barlotti son un complemento delicioso y nutritivo en cualquier receta.

El ejercicio físico regular es esencial para reducir la presión sanguínea, pero debe hacerse con cuidado si no se ha practicado durante algún tiempo. Pida consejo a su médico para establecer la forma de ejercicio más adecuada en su caso.

Para que el sistema circulatorio funcione correctamente, el corazón debe estar en óptimas condiciones. Las arterias y las venas que lo irrigan deben ser flexibles y estar libres de bloqueos, para lo cual es imprescindible una buena nutrición.

debe ignorarse. Reduzca el consumo de alimentos procesados, productos ahumados y comidas rápidas, y aumente el consumo de proteínas magras. No añada sal a la comida mientras cocine o una vez servida, ya que puede romper el delicado equilibrio entre el sodio y el potasio (véanse págs. 125-126); los alimentos ya contienen una cantidad suficiente de sal. Tome menos productos lácteos y sustituya las proteínas cárnicas por otras fuentes como el pescado, los frutos secos y las semillas.

La fruta y la verdura fresca aportan los antioxidantes que necesitamos y deberían constituir una parte importante de nuestra alimentación. Si suele usted tomar bebidas estimulantes durante el día, sustitúyalas por infusiones de hierbas, agua mineral en abundancia y zumos de frutas o de hortalizas. Las legumbres contienen fibras solubles que reducen el nivel de colesterol. Son una excelente fuente de proteínas vegetales y deben tomarse a menudo, en sustitución de algunas de las comidas

Varices

Aunque la aparición de varices suele tener un factor hereditario, existen otros aspectos que tener en cuenta, principalmente la alimentación y el estilo de vida. Un exceso de peso sobrecarga las venas de la pelvis y las piernas, ejerciendo una presión excesiva sobre las válvulas que estimulan el flujo normal de la sangre hacia el corazón. Además, las paredes de las venas pueden quedar lesionadas como consecuencia de una presión elevada y de un mal drenaje linfático, lo que provoca las marcadas venas azules características de este trastorno. Los trabajos que requieren pasar todo el día de pie aumentan el riesgo de que aparezcan varices, ya que la gravedad también ejerce una presión sobre las mencionadas válvulas. Por esta misma razón, es importante no cruzar las piernas al sentarse para garantizar un flujo sanguíneo sin impedimentos.

Desde el punto de vista nutricional, es importante que la dieta incluya vitamina C y bioflavonoides en abundancia. La vitamina C es excelente para proteger la capa íntima, las paredes de las venas y las arterias de todo el cuerpo. Los bioflavonoides fortalecen estas paredes y evitan que se debiliten y se hinchen. Tanto la vitamina C como los bioflavonoides se encuentran en abundancia en las bayas y frutos de color rojo oscuro y en los cítricos, especialmente la toronja. Durante los meses de invierno, cuando no se encuentran cerezas ni grosellas negras frescas, pueden adquirirse envasadas, ya que este método de conservación preserva sus nutrientes.

Mala circulación

Si se le enfrían a menudo las manos y los pies, puede que tenga una mala circulación, que puede estar provocada por las mismas causas que producen las varices. Un sistema linfático lento, el consumo excesivo de grasas animales (como las presentes en los productos animales), el tabaco y una elevada ingesta de sal contribuyen a entorpecer la circulación, al igual que la falta de ejercicio físico.

Dejar de fumar es esencial. Aumentar la ingesta de fibra para eliminar las grasas saturadas y el colesterol también es importante. Tome comidas a base de verduras y legumbres. Las frutas ricas en vitamina C y bioflavonoides, como las fresas, las frambuesas, el kiwi, los cítricos, las grosellas y otras bayas ayudan a mejorar la circulación.

Trombosis

Una trombosis se produce cuando se forma un coágulo de sangre (trombo) dentro de un vaso sanguíneo que no ha sufrido ninguna lesión o ruptura. La coagulación de la sangre forma parte del proceso natural de curación que tiene lugar cuando se ha producido una lesión en la piel, en un órgano o en un tejido, y tiene por objetivo evitar una pérdida excesiva de sangre. Sin embargo, la sangre no debería coagularse cuando no se ha producido lesión alguna.

Si se forma un coágulo en una arteria que irriga el corazón (lo que se denomina trombosis coronaria), se obstruye el flujo sanguíneo que lleva el oxígeno y los nutrientes esenciales y se produce un infarto. Del mismo modo, un trombo en las arterias que irrigan el cerebro es una causa frecuente de apoplejía. Los trombos pueden formarse en cualquier parte del organismo, como las piernas, los intestinos, los ojos o los riñones, provocando un dolor extremo y una pérdida de funcionalidad. Si un fragmento de un trombo se desprende, los resultados pueden ser igualmente perjudiciales, ya que puede causar un bloqueo en otra parte del cuerpo (lo que se conoce como una embolia).

Las causas de la trombosis y de la embolia son las mismas que provocan la arteriosclerosis. En todos estos casos, el delicado equilibrio de los mecanismos de coagulación de la sangre puede romperse por el consumo de tabaco, por una elevada ingesta de grasas saturadas o un exceso de azúcar y alimentos endulzados, por la obesidad y por una falta de ejercicio físico. Los factores dietéticos son extremadamente importantes para recuperar la buena salud. La reducción de las carnes rojas, los azúcares, los alimentos procesados y las comidas rápidas facilita la autocuración de las lesiones arteriales. La vitamina C es esencial para esta reparación, al igual que la vitamina E, que es el antioxidante más importante para neutralizar las lesiones producidas en la íntima de los vasos sanguíneos por el colesterol y las grasas saturadas.

Los ácidos grasos esenciales del grupo omega-3 son imprescindibles para equilibrar los mecanismos de coagulación de la sangre en todo el sistema circulatorio.

Factores esenciales para la salud del corazón

La buena salud del corazón es vital para disfrutar de una vida larga, sana y feliz. Si cuida a su corazón, podrá mantenerse activo y en forma hasta la vejez. Tome nota de los siguientes consejos.

- Siga una dieta baja en grasas saturadas. Evite los alimentos ricos en azúcares o en carbohidratos refinados.

- Mantenga una actividad física regular, como andar, nadar o montar en bicicleta.

- Tome alimentos ricos en vitamina C, vitamina E, beta-caroteno, ácidos grasos esenciales, zinc y selenio.

- No fume.

- No consuma alcohol en cantidades superiores a las recomendadas (el máximo tanto para hombres como para mujeres son de 7 a 10 unidades de alcohol por semana).

A causa de los productos que se consumen habitualmente, la mayoría de la población occidental suele tener una mayor ingesta de ácidos grasos esenciales omega-6. Este desequilibrio puede modificarse en favor de los del grupo omega-3 incluyendo más pescado azul en la dieta, como salmón, atún, arenque, caballa y sardina. El consumo habitual de linaza, de pipas de calabaza y de pipas de girasol tiene el mismo efecto beneficioso.

Coagulación de la sangre

El fenómeno de la coagulación de la sangre nos resulta muy familiar. Cuando sufrimos un corte, la sangre que brota de la herida se espesa rápidamente y forma un coágulo que impide que ésta se escape. Se trata de la fase inicial de reparación de la zona lesionada. Dos componentes de la sangre son los responsables de su coagulación. Las plaquetas trabajan conjuntamente con una proteína denominada fibrina. Las plaquetas se coagulan formando una masa a la que puede adherirse la fibrina. La fibrina se produce a partir del fibrinógeno, cuyo nivel puede ser medido por los médicos. Si éste es elevado, indica que el paciente tiene un mayor riesgo de padecer una cardiopatía.

En las cardiopatías, las plaquetas pueden acumularse en el flujo sanguíneo. Los estudios han demostrado que las personas que acaban de sufrir un infarto o que tienen un mayor riesgo de padecerlo presentan un mayor nivel de acumulación de plaquetas en la sangre.

La nutrición del corazón

Una vez examinados algunos de los factores que intervienen en las enfermedades cardiovasculares, recomendaremos algunos nutrientes y alimentos necesarios para la buena salud del corazón. «Los cinco guerreros», las vitaminas A, C y E y los minerales selenio y zinc, son nutrientes esenciales

receta, como analgésicos y antiácidos, el hígado no podrá emulsionar y disgregar las grasas procedentes de la dieta, con lo que se producirá una acumulación de colesterol y otros lípidos.

El consumo habitual de productos lácteos, carnes y alimentos pesados hace más lenta la digestión,

El ejercicio aeróbico regular es importante para eliminar el exceso de colesterol y para desarrollar el músculo cardíaco. Para vigorizar la circulación, intente pasear, nadar o montar en bicicleta habitualmente.

para el corazón. Las propiedades antioxidantes de estos cinco nutrientes ayudan a eliminar los radicales libres que resultan de forma natural del metabolismo (véase pág. 124). La oxidación, como hemos visto, tiene un papel muy importante en el deterioro arterial. El consumo de tabaco produce aún más radicales libres, así como la contaminación y la ingesta de alimentos fritos.

La importancia de la digestión

Es imprescindible que el aparato digestivo goce de buena salud para absorber los nutrientes necesarios para el óptimo funcionamiento del corazón.

El «ardor de estómago», o indigestión, suele ser una indicación temprana del tipo de estrés cotidiano que tiene que afrontar el corazón. Una carencia de ácido clorhídrico en el estómago imposibilita la disgregación de las proteínas, lo que provoca una sensación de ardor y de estar «demasiado lleno». Esto puede ocurrir tras la cena, ya que irse a dormir inmediatamente después ejerce una presión excesiva sobre el aparato digestivo.

Si el hígado ya se encuentra saturado por una ingesta frecuente de alcohol o fármacos con o sin

lo que produce estreñimiento, así como una reabsorción de las toxinas en la sangre.

Para mejorar la digestión en general y beneficiarse de los nutrientes del corazón que presentamos a continuación, siga estas indicaciones:

• Tome pequeñas comidas de forma regular a lo largo del día.
• Mastique bien la comida para favorecer la digestión.
• Consuma diariamente al menos entre cinco y siete raciones de fruta o verdura para aumentar la ingesta de fibra, que favorece la eliminación del exceso de colesterol del tracto digestivo.
• Beba sólo pequeñas cantidades de líquido durante las comidas para evitar que se diluyan las enzimas digestivas.
• Consuma muchos alimentos que favorezcan el buen funcionamiento del hígado, como espárragos, alcachofas y remolachas.
• Prepárese zumos de hortalizas crudas de forma regular, ya que contienen un alto nivel de nutrientes.
• Tome siempre una cena ligera.

En las siguientes páginas examinaremos de forma individual cada antioxidante, además de incluir otros nutrientes beneficiosos para el corazón.

• Vitamina A

La vitamina A se presenta en dos formas, siendo la más importante como antioxidante la del beta-caroteno. El beta-caroteno fortalece además los capilares.

Buenas fuentes: frutas y hortalizas rojas, amarillas y de color naranja, como melocotones, pimientos, ciruelas y bayas.

• Vitamina C

La vitamina C es probablemente uno de los nutrientes más poderosos para combatir las enfermedades cardiovasculares. Se ha demostrado que ayuda a reducir el nivel de colesterol disminuyendo el LDL y aumentando el HDL. Ayuda a regular la presión sanguínea fluidificando la sangre, y tiene unas notables propiedades antioxidantes.

Buenas fuentes: fresas, kiwi, patatas y naranjas.

• Vitamina E

La vitamina E aporta muchos beneficios al sistema cardiovascular. Fortalece los vasos sanguíneos, reduce la viscosidad de la sangre, regula el pulso y aumenta los niveles de HDL, al tiempo que protege el LDL de los efectos dañinos de los radicales libres.

Muchos nutrientes actúan de forma más eficaz en combinación con otros. La vitamina E actúa especialmente bien en combinación con el selenio para proteger el sistema cardiovascular.

Atención: Tenga cuidado con la vitamina E si toma una medicación para el corazón (por ejemplo, anticoagulantes como la warfarina). Si toma este tipo de fármaco, pida consejo a su médico antes de tomar un suplemento de vitamina E.

Buenas fuentes: aceite de germen de trigo, pescado azul como salmón y caballa, aceites de frutos secos, huevos, hortalizas verdes y aguacates.

• Selenio

El organismo fabrica compuestos y enzimas antioxidantes para combatir los radicales libres que se producen de forma natural. Una de estas enzimas antioxidantes es la denominada glutationperoxidasa, y para producirla el organismo requiere selenio. El selenio es un mineral presente en el suelo.

La presión a la que se ven sometidos los agricultores les obliga a cultivar en los mismos campos año tras año, lo que agota el selenio de la tierra. Las hortalizas cultivadas en un suelo rico en este mineral tendrán un mayor contenido de selenio que las cultivadas en una tierra empobrecida. Incluso los huevos tienen un contenido de selenio variable: si las gallinas consumen alimentos ricos en selenio, sus huevos tendrán un nivel elevado de este mineral.

Buenas fuentes: hígado, pescado, marisco, ajonjolí, cereales integrales, cebollas y ajo.

• Zinc

El zinc es necesario para la síntesis del antioxidante natural denominado superoxidodismutasa (SOD). Para comprobar el nivel que tiene de este nutriente, realice la prueba de la página 64.

Buenas fuentes: marisco, cereales integrales como centeno y alforfón, almendras y anacardos.

• **Magnesio**

El equilibrio entre el potasio y el sodio del organismo afecta a la presión sanguínea, éste se regula mediante el magnesio. Es por ello que una carencia de magnesio puede aumentar la presión sanguínea.

El magnesio actúa juntamente con el calcio en todos los músculos y es responsable de su capacidad para relajarse. Como el músculo cardíaco es el que más veces se contrae y se relaja de todo el cuerpo, una falta de magnesio puede afectar a su ritmo y provocar una arritmia cardíaca. Los médicos suelen recetar suplementos de magnesio después de una intervención quirúrgica de *by-pass*.

Si toma usted una gran cantidad de azúcares refinados y alcohol, estará favoreciendo la excreción del magnesio, por lo que debe evitarlos.

Buenas fuentes: pescado, marisco, lentejas, soja, judías, frutos secos, semillas, fruta desecada y hortalizas de hojas verdes.

• **Coenzima Q10**

Este importante nutriente interviene en la producción de energía a nivel celular. Cada célula contiene una minúscula planta energética, la mitocondria, que quema combustible para producir energía. Cuanto más esfuerzo físico realizamos, más mitocondrias obtendremos, ya que éstas se multiplican según las necesidades del organismo. Al tratarse del músculo que mayor esfuerzo realiza de todo el organismo, el corazón es uno de los órganos con un mayor número de mitocondrias. Así, un nivel elevado de coenzima Q10 ayuda al músculo cardíaco a realizar su trabajo constante. Es interesante el hecho de que la coenzima Q10 pueda fabricarse en el organismo a partir de otras enzimas, pero esta capacidad se reduce con la edad. También podemos conseguir la coenzima Q10 directamente de los alimentos que consumimos. En Japón es habitual tomar suplementos de esta sustancia, y su uso está cada vez más extendido en Occidente.

Buenas fuentes: sardinas, caballa, judías verdes y espinacas.

• **Vitaminas del complejo B**

Todas las vitaminas del complejo B son esenciales para la producción de energía. Sin embargo, las vitaminas B3, B5 y B6 son especialmente importantes para prevenir las enfermedades cardiovasculares.

• **B3**

La vitamina B3 se presenta en dos formas: niacina y niacinamida. La niacina puede provocar una sensación de calor, ya que dilata los vasos sanguíneos. Precisamente de ahí viene su utilidad para proteger el sistema cardiovascular, ya que la dilatación de los vasos reduce la presión sanguínea.

Ambos tipos de vitamina B3 reducen el LDL y aumentan el HDL, además de ser eficaces en el tratamiento de la diabetes, un trastorno que conlleva un elevado riesgo de padecer enfermedades cardiovasculares (véase pág. 107).

Buenas fuentes: hortalizas de hojas verdes, como la col rizada, las espinacas y las coles, y los cereales integrales como el mijo y el centeno.

• **B5**

La vitamina B5, o ácido pantoténico, puede aumentar el nivel de HDL, mejorando la proporción entre el colesterol «bueno» y el «malo». También favorece una reducción del estrés.

Buenas fuentes: hortalizas verdes duras, como el brécol y las coles de Bruselas, así como la cebada y el arroz integral.

• B6

La vitamina B6, o piroxidina, juntamente con la vitamina B12, es esencial para evitar la acumulación de homocisteína, que puede ser, en parte, responsable del taponamiento de las arterias.

Buenas fuentes: cereales integrales, hígado, riñones, huevos y hortalizas como la col, el berro y el perejil.

• Aceites y grasas

Un tipo de ácido graso, conocido como ácido eicosapentanoico (EPA) ha demostrado ser capaz de reducir la presión sanguínea, hacer disminuir el LDL y aumentar el HDL, además de reducir la adherencia de las plaquetas, lo que reduce asimismo la viscosidad de la sangre.

Al tratarse de un ácido graso, el EPA tiene enlaces dobles en su estructura química que son vulnerables a los radicales libres. Loa aceites y las grasas siempre deben equilibrarse con antioxidantes.

Asimismo, debe evitarse otro tipo de grasa, la denominada grasa saturada, ya que puede favorecer el aumento del LDL y de los triglicéridos de la sangre, además de contribuir al taponamiento de las arterias, que provoca trastornos como la arteriosclerosis y la aterosclerosis.

Buenas fuentes: semillas y frutos secos, pescado (especialmente el de aguas frías, como la caballa, el salmón, la barbada y la sardina). Las autoridades sanitarias sugieren que se consuma pescado azul al menos tres veces por semana, pero nosotros le sugerimos que lo tome cinco veces a la semana y que coma a diario un puñado de frutos secos.

• Fibra

La fibra es esencial para mantener la buena salud del corazón, ya que es necesaria para eliminar el exceso de colesterol del tracto digestivo. Un nivel inadecuado de fibra permite la reabsorción de partículas desde los intestinos hacia la sangre.

Existen dos tipos de fibra: soluble e insoluble. La fibra soluble se encuentra en la pulpa blanda de algunas frutas como las fresas, los melocotones, las nectarinas y las ciruelas. La fibra insoluble se halla presente en los cereales integrales y en las legumbres como el arroz integral y de grano largo, el maíz dulce, las habichuelas, las judías y las lentejas. Tome al menos dos o tres fuentes de ambas fibras cada día.

Tentempiés buenos para el corazón

Tomar pequeñas cantidades de comida con frecuencia es mejor para el corazón que las tres comidas diarias tradicionales. Ello es especialmente aplicable a las cenas pesadas, que ejercen una presión adicional sobre el corazón a la hora de bombear los nutrientes hacia las otras partes del cuerpo. Algunos buenos tentempiés son:

• Manzanas cocidas y moras negras.
• Ensalada de gajos de toronja y naranja.
• Pan de centeno untado con aguacate.
• Panecillos de avena untado con *tahini* (crema de ajonjolí).
• Panecillos integrales con sardinas.
• Panecillos de alforfón con salmón.
• Ensalada de espinacas con piñones.
• Ensalada de atún y maíz dulce.
• Sopa de lentejas y zanahoria.
• Sopa de verduras con cebada.

el cáncer

Bajo este término se engloban más de 100 trastornos distintos. Por desgracia, algunos de sus nombres nos resultan sobradamente conocidos, como el cáncer de mama o el de pulmón. Sin embargo, otros cánceres, como el de páncreas, lo son menos por su menor incidencia.

Es un hecho ampliamente reconocido que la dieta y el estilo de vida tienen un papel muy importante en la formación y la extensión del cáncer. En este capítulo veremos cómo podemos protegernos contra esta enfermedad.

Todos tenemos células cancerosas en nuestro interior, ya que se presentan de forma natural. El sistema inmunológico (véase pág. 83) se encarga de eliminarlas. Sin embargo, la creación de un entorno que favorezca la proliferación de esas células hasta llegar a lo que conocemos como cáncer depende, en gran parte, de nosotros. Podemos influir enormemente sobre nuestras probabilidades de padecer este trastorno a través de la dieta y el estilo de vida.

Es importante comprender que, legalmente, los diplomados en nutrición no podemos «tratar» el cáncer. Sin embargo, a menudo acuden a nosotros médicos o pacientes para pedirnos algunos consejos nutricionales básicos. Si un paciente está siendo tratado con métodos convencionales, podemos diseñarle un programa para reducir sus efectos secundarios. Algunos pacientes se niegan a seguir la quimioterapia y prefieren métodos más naturales, en cuyo caso podemos ayudarles a diseñar un programa

que favorezca al máximo el funcionamiento de su sistema inmunológico.

¿Cómo empieza el cáncer?

Las células sanas se autosustituyen cuando quedan lesionadas o agotadas. Este proceso de replicación y sustitución se realiza normalmente de forma muy controlada. A veces las células siguen replicándose sin orden ni control. Las células sobrantes forman un tejido nuevo e independiente con su propia irrigación sanguínea, constituyéndose así la base de un tumor. Muchas de esas zonas de tejido nuevo son benignas (no suponen ninguna amenaza) y pueden dejarse o extraerse quirúrgicamente.

Algunos tumores son malignos. Son perjudiciales porque contienen células cancerosas que crecen sin control y pueden extenderse hacia otras partes del organismo para formar nuevos tumores.

Las células normales pueden volverse cancerosas por una exposición a agentes cancerígenos o por una predisposición genética. Los genes que se supone que tienen la capacidad de alterar las características de una célula se denominan oncogenes. Los oncogenes se desarrollan a partir de unos genes normales, denominados protooncogenes, que

El brécol forma parte de la familia vegetal de las crucíferas y tiene propiedades anticancerígenas.

121

intervienen en el funcionamiento cotidiano de las células. Existen muchos factores que pueden contribuir a que un protooncogen se convierta en un oncogen, entre los cuales se encuentran los cambios en el ADN (véase más abajo), que se cree que muta tras entrar en contacto con un agente cancerígeno o un virus. Los oncogenes producen un elevado número de factores que estimulan la proliferación de células modificadas.

La proliferación de células cancerígenas se produce por tres razones principales: deterioro del ADN, problemas del sistema inmunológico y lesión de las membranas celulares.

ADN

Nuestro código genético está contenido en una sustancia química denominada ADN. La configuración exclusiva del ADN de cada persona contiene los planos para la fabricación de las células del organismo. Por ejemplo, si se necesitan nuevas células en el tracto digestivo, el organismo sabe de qué tipo tiene que fabricarlas porque ya está programado en el ADN.

Sin embargo, si el ADN se lesiona por cualquier motivo, por ejemplo radicales libres, sustancias tóxicas o virus, la formación de nuevas células puede verse afectada negativamente. Para comprenderlo mejor, piense en una fotocopiadora. Si el documento

original tiene una mancha, la copia también la tendrá. Y, si la máquina está mal programada, puede producir 50 copias en vez de una sola, como usted quería. De modo similar, en ocasiones el ADN produce demasiadas células lesionadas o inmaduras, que forman un tumor.

Problemas en el sistema inmunológico

El sistema inmunológico se encarga de eliminar los residuos celulares, así como las células que no se han formado correctamente. Puede hallar más información al respecto en las págs. 81-89. Si el sistema está sobrecargado o no obtiene una nutrición adecuada, se vuelve vulnerable. Las células mutantes no se atacan ni se eliminan, de modo que pueden proliferar.

Membranas celulares

A través de varios mecanismos, la capa membranosa exterior de las células puede dañarse, provocando una rápida división celular.

Factores desencadenantes del cáncer

Casi todos hemos oído explicar el caso de alguien que fumó 3 paquetes de cigarrillos al día durante 70 años sin padecer una sola enfermedad en toda su vida. Según parece, existen factores desencadenantes que inician el proceso del cáncer. Obviamente, esa persona no tenía un factor desencadenante que respondiese al humo del tabaco, es decir, la nicotina

Agentes cancerígenos habituales

• Tabaco	• Comida quemada	• Alimentos fritos
• Nitratos	• Nitritos	• Luz ultravioleta
• Alcohol	• Gas radón	• Pesticidas
• Asbesto	• Cloro	• Fluoruro

y el tabaco no eran cancerígenos para ella. Quizás su factor desencadenante era el alcohol, y si se hubiese excedido en su consumo el resultado final habría sido distinto.

Algunas personas tienen más de un factor desencadenante, por lo que el cáncer puede proceder de varios agentes cancerígenos, como el tabaco, el alcohol y los alimentos quemados, en conjunción con un sistema inmunológico debilitado. Este hecho pone de manifiesto nuestra individualidad bioquímica.

Tipos de cáncer

Existen muchos tipos de cáncer, que se dividen en cuatro grupos principales:

• **Leucemias:** son cánceres del tejido que se ocupa de la producción de sangre, como la médula ósea. En este caso, existe una replicación descontrolada de células anormales.

• **Carcinomas:** cánceres que afectan a la capa de tejido que recubre las superficies interiores y exteriores del organismo, denominada epitelio. Las zonas de mayor riesgo son las glándulas, los órganos, la piel y las membranas mucosas. Las células epiteliales mutan y se producen con demasiada rapidez y, además, suelen presentar alguna malformación.

• **Sarcomas:** cánceres que se forman en el tejido conjuntivo, por lo que pueden aparecer en cualquier parte del organismo, como la grasa, los músculos, la sangre o la linfa.

• **Linfomas:** cánceres del sistema linfático (véanse págs. 105-106), que contiene la linfa, el fluido que «limpia» los tejidos del organismo. La linfa se filtra a través de los ganglios linfáticos, cuyo papel es proteger el organismo contra las infecciones y atrapar los agentes cancerígenos, lo que los hace vulnerables a padecer cáncer.

¿Cómo se forma el cáncer?

Iniciación	Las células y el tejido parecen normales, aunque se producen minúsculas modificaciones en el interior de las células. Estos cambios inician el proceso canceroso.
Promoción	El tejido se altera al replicarse descontroladamente las nuevas células, que forman un tumor. Si, por cualquier razón, se examinase el tejido, estos cambios serían visibles.
Progresión	El cáncer aumenta de tamaño al sintetizarse más células nuevas. El tumor requiere nutrientes y oxígeno, de modo que crea una irrigación sanguínea, a expensas de los tejidos circundantes.
Malignidad	El cáncer ya se ha asentado y difícilmente va a responder a cambios en la dieta o en el estilo de vida. Pueden ser necesarias la cirugía, la quimioterapia o la radioterapia para eliminarlo.
Metástasis	El cáncer llega a otras partes del cuerpo, creando tumores secundarios.

Los radicales libres, los antioxidantes y el cáncer

Los radicales libres son moléculas que dañan el ADN y las membranas celulares. Están estrechamente vinculados al inicio y a la progresión del cáncer. Se producen en el cuerpo como un producto residual natural del metabolismo. La luz solar, el tabaco y los alimentos fritos producen radicales libres.

Para neutralizar estos radicales libres potencialmente dañinos, el organismo necesita antioxidantes. Tomemos como ejemplo una manzana cortada en dos mitades. Si vertemos jugo de limón sobre una de las dos, al cabo de unos minutos la mitad que hemos

adecuado de antioxidantes en su organismo, por ejemplo consumiendo alimentos que los contengan.

El organismo fabrica sus propios antioxidantes, como las enzimas superoxidodismutasa (SOD) y glutationperoxidasa (GP), producidas en el hígado. Ambas dependen de ciertos nutrientes para su formación. La SOD se presenta en dos formas: una requiere manganeso y hierro, y la otra zinc y cobre. La GP requiere selenio para su fabricación. Todos estos minerales se encuentran en las semillas y en los frutos secos frescos, en las hortalizas de hojas de color verde oscuro y en los cereales integrales. Incluyendo estos alimentos en nuestra dieta garantizamos un aporte adecuado de los nutrientes

«Más vale prevenir que curar». Por eso no podemos ignorar la importancia de los alimentos frescos para una vida sana. Los alimentos crudos aportan siempre un mayor nivel de todos los nutrientes, por lo que deben tomarse los máximos posibles, aunque sólo sea en forma de frutas y zumos de hortalizas.

dejado tal cual empezará a reaccionar con el oxígeno del aire y adquirirá un color marrón. La mitad bañada en el jugo de limón mantendrá su color original. El jugo de limón ha ejercido un efecto protector, actuando como antioxidante. Lo mismo sucede en el organismo, al que los antioxidantes protegen contra los daños producidos por los radicales libres.

Alimentos anticancerígenos

El primer paso para protegernos contra el cáncer es reducir nuestra exposición a factores que favorezcan la aparición de radicales libres: deje de fumar, protéjase del sol y evite los alimentos fritos. Sin embargo, también puede ayudar a mantener un nivel

que necesita nuestro organismo para producir suficientes antioxidantes naturales.

La nutrición y el cáncer

Para las personas que ya padecen algún tipo de cáncer, una buena nutrición puede ser muy importante en su tratamiento. Existen tres objetivos nutricionales principales: estimular el sistema inmunológico, ayudar a desintoxicar el organismo y protegerlo de los efectos del cáncer y del tratamiento médico, y mejorar los efectos de la medicina convencional en la medida de lo posible.

Las células cancerosas proliferan en entornos privados de oxígeno. Una buena nutrición ayuda a vencerlas garantizando una buena oxigenación de todos los tejidos.

Una cierta cantidad de ácido araquidónico es esencial, pero en exceso puede favorecer la inflamación, además de crear un entorno procancerígeno. El exceso de este ácido suele poder evitarse eliminando de la dieta las grasas saturadas, como la leche entera, el queso fuerte y las carnes rojas. Un abundante aporte de frutas y hortalizas frescas, además de frutos secos, semillas y cereales integrales, ayuda a la conversión de las grasas en grasas antiinflamatorias.

Asimismo, se cree que el entorno rico en azúcar que crea una dieta que contenga azúcares refinados y alcohol favorece la proliferación de las células cancerosas.

Es importante dejar clara una cosa. No estamos diciendo que una dieta rica en grasas y azúcares provoque cáncer, sino que el riesgo de padecerlo es mayor si se toman estos alimentos en lugar de alimentos frescos, que se supone que nos ofrecen una protección.

La nutrición en el tratamiento del cáncer

Los tratamientos para el cáncer incluyen la cirugía, la terapia hormonal, la inmunoterapia (estimular el sistema inmunológico con fármacos), la radioterapia y la quimioterapia. Todos estos tratamientos ejercen una fuerte presión sobre el cuerpo, por lo que es esencial contar con un régimen de apoyo nutricional óptimo.

Por ejemplo, durante la quimioterapia, se administran sustancias químicas para atacar a las células cancerosas. Sin embargo, también se lesionan las células sanas circundantes. Algunos efectos secundarios frecuentes van desde la pérdida del cabello y una reducción drástica del peso hasta estados de confusión, depresión y letargo. Esta terapia resulta muy exigente para el cuerpo. Creemos que es imprescindible dar un apoyo al sistema inmunológico mediante una nutrición óptima.

Es importante comprender algunos de los principios dietéticos que reducen la producción de radicales libres y las condiciones ambientales que favorecen el desarrollo de cánceres.

Todos los tejidos del organismo tienen distintos niveles de acidez y de alcalinidad. Sin embargo, en general, el cuerpo funciona mejor en un estado ligeramente alcalino. La acidez prolongada del organismo es procancerosa, y la dieta occidental típica (fritos, aditivos alimentarios, colorantes, azúcar, sal, alimentos tratados químicamente, exceso de proteína animal y de productos lácteos) crea un exceso de acidez.

La hiperacidez puede combatirse siguiendo una dieta macrobiótica oriental, que es altamente alcalina. Consiste en una ingesta elevada de verdura, un bajo consumo de grasas (evitando todos los productos animales o lácteos, ricos en grasas saturadas) y una ingesta regular de alimentos con propiedades anticancerígenas, como la soja y sus derivados y las algas marinas, como el carragaen.

La función celular se regula por un delicado equilibrio entre los minerales sodio y potasio. En el interior de cada

consejos de nutrición

Emplee el miso fresco (una pasta elaborada a partir de la soja) como base para dar sabor a arroces, sopas y salsas. Cuenta con unas notables propiedades anticancerígenas y no contiene los productos químicos que suelen llevar los caldos en cubitos o en polvo. Añada una cucharada al agua hirviendo.

célula existe una mayor cantidad de potasio, y en el exterior una mayor cantidad de sodio. En combinación, crean una carga eléctrica, similar a la de las pilas de una linterna. Es lo que se denomina bomba sodio/potasio, que regula qué nutrientes pueden entrar en la célula y qué residuos pueden salir de ella.

La dieta occidental es excesivamente rica en sal, ya que se añade a prácticamente todas las comidas, principalmente para dar sabor, aunque también se utiliza como conservante. La sal rompe el equilibrio entre el sodio y el potasio, facilitando el desarrollo de un cáncer. Max Gerson, el creador del método Gerson, un tratamiento naturópata contra el cáncer, defiende una dieta rica en potasio, parecida a la que debían tener nuestros antepasados cavernícolas. El potasio se encuentra en abundancia en los alimentos crudos y sin procesar, incluidas todas las frutas y hortalizas. Elija siempre productos biológicos, que no contienen productos químicos, pesticidas ni fertilizantes.

El equilibrio del nivel de azúcar en sangre es esencial para la prevención del cáncer. El inicio del cáncer produce un aumento del metabolismo de la glucosa, lo que estimula una mayor producción de insulina. Una vez se ha empezado a desarrollar un cáncer, se alimentará directamente de la glucosa de la sangre. Un hecho aún más importante es que el sistema inmunológico se ve perjudicado por el aumento del nivel de glucosa que circula por la sangre.

Las grasas saturadas (presentes en los productos animales) tienen un efecto directo sobre el desarrollo del cáncer. Nuestras membranas celulares deben mantenerse fluidas para permitir la penetración de los nutrientes y la salida de las toxinas, como en la bomba sodio/potasio descrita anteriormente. El nutriente más importante para evitar el desarrollo del cáncer es el oxígeno, ya que las células cancerígenas no pueden sobrevivir en su presencia. Sin embargo, si consumimos una gran cantidad de grasas saturadas, éstas provocan que las membranas celulares se vuelvan rígidas, inhibiendo su toma de oxígeno. De este modo, el desarrollo de células anormales continúa de forma descontrolada.

La fibra es esencial para la salud del aparato digestivo, y también para prevenir los cánceres de colon y de recto. Muchos estudios han examinado la influencia de la dieta sobre diferentes tipos de cáncer, investigando los efectos a corto y a largo plazo. En el colon, la fibra crea un entorno más ácido, que es menos favorable para los agentes cancerígenos.

Los nitritos y los nitratos se emplean para curar el jamón, el buey, las salchichas, el bacon, el pescado y las carnes cocinadas. Contienen unos compuestos cancerígenos similares a los del humo del tabaco. Estos alimentos, así como los alimentos cocinados a la barbacoa y/o quemados, deben tomarse con moderación. Por más sabrosos que sean, el daño que provoca su consumo regular no lo compensa. Las vitaminas antioxidantes A y E son especialmente importantes para neutralizar estas sustancias químicas dañinas en el estómago, donde se producen las nitrosaminas a partir de los nitritos y los nitratos.

Recientemente, se ha descubierto que el alcohol es una de las sustancias más cancerígenas que

consejos de nutrición

Para ayudar a su hígado a eliminar el exceso de estrógeno, tome vitaminas del complejo B en abundancia, especialmente la B2. El exceso de estrógeno puede aumentar en las mujeres el riesgo de padecer cánceres de tipo hormonal, como el cáncer de mama y el de ovarios. Las almendras son muy ricas en vitamina B2 y son un tentempié sabroso.

consumimos. Combinado con el tabaco, sus efectos se multiplican varias veces. Si bien una copa de vez en cuando es aceptable, el consumo regular interfiere en el proceso de depuración del hígado y expone la boca, la garganta y el esófago a unas sustancias químicas potencialmente dañinas. El riesgo es mucho más grave en las mujeres que en los hombres, ya que si la depuración del hígado se reduce o se detiene, el exceso de estrógenos no puede eliminarse de forma eficaz y puede aumentar la probabilidad de padecer un cáncer de tipo hormonal, como el de mama, el de ovarios o el de útero.

Alimentos anticancerígenos

Actualmente, existen muchos alimentos cuyas propiedades anticancerígenas son reconocidas. El refrán que dice que «más vale prevenir que curar» no podría ser más acertado. Cuando los últimos estudios prevén una incidencia de este trastorno en casi una de cada dos personas en el año 2005, no podemos ignorar la importancia de los alimentos frescos para una vida sana. Los alimentos crudos aportan siempre un mayor nivel de todos los nutrientes, por lo que deben tomarse los máximos posibles, aunque sólo sea en forma de frutas y zumos de hortalizas.

Ya conocemos a «los cinco guerreros», el grupo de antioxidantes que ayudan al buen funcionamiento del sistema inmunológico. Estas vitaminas y minerales tienen un papel determinante en la prevención del descontrol de las células cancerosas. Sin embargo, existen otros alimentos que tienen propiedades anticancerígenas y vale la pena incluirlos también en nuestra dieta cotidiana.

La familia de las crucíferas

Este grupo de alimentos incluye el brécol, la coliflor, la col, las coles de Bruselas y el berro, todos ellos reconocidos como poderosas armas anticancerígenas. Contienen indoles, que estimulan la producción de la enzima antioxidante denominada glutationperoxidasa. Se cree que los indoles desactivan los estrógenos sobrantes, que pueden provocar cáncer, especialmente el de mama. Estas hortalizas contienen además un buen nivel de vitamina C, un poderoso antioxidante, y deben comerse crudas siempre que sea posible, para preservar su contenido en indoles, o bien ligeramente cocidas al vapor.

Soja y productos derivados

La soja y sus derivados como el tofu, el tempeh, el miso y la salsa de soja, previenen la proliferación de células anormales. Además, contienen isoflavonas y fitoestrógenos, ambos con propiedades anticancerígenas. Otro beneficio que aportan es que reducen los efectos secundarios tóxicos de la quimioterapia y la radiación.

Ajo y cebollas

El ajo actúa como agente quelante, lo que significa que se adhiere a las toxinas y se las lleva fuera del organismo, incluidos los metales pesados potencialmente cancerígenos como el cadmio de los cigarrillos. Las cebollas actúan de forma similar al ajo, si bien en un menor grado. Ambos contienen alicina, un compuesto de azufre que actúa como un potente desintoxicante. Además, el ajo estimula los glóbulos blancos, que devoran a las células cancerígenas.

Una de las formas más habituales de cáncer es el cáncer de estómago, pero una ingesta frecuente de ajo y cebollas reduce el riesgo de desarrollar este trastorno. El ajo es además rico en azufre, necesario para la función depuradora del hígado. De hecho, el hígado es la planta depuradora de todos los productos químicos y agentes patógenos potencialmente cancerígenos que circulan por el organismo, por lo que la importancia de este humilde vegetal no debe subestimarse.

Varec

El varec es rico en yodo, esencial para la salud de la glándula tiroides, que regula el metabolismo del azúcar en sangre (de la energía). Sabemos que la tiroides empieza a encogerse a los veinticinco años, edad a partir de la cual muchas personas padecen hipotiroidismo (producción insuficiente de hormonas tiroideas).

Si la producción de energía se reduce, el metabolismo del azúcar en sangre se modifica para adaptarse, lo que puede ser procanceroso. El varec es rico en selenio, un potente antioxidante (véase «Los cinco guerreros», en la pág. 116).

Almendras

Estos frutos secos contienen leatril. Los antiguos griegos, romanos, egipcios y chinos consumían semillas y los huesos de frutas como los albaricoques, ya que creían que tenían propiedades anticancerígenas. Sin embargo, aunque ya existen estudios, no está comprobado científicamente.

Setas orientales

Las setas del tipo *maitake*, *shiitake* y *rei-shi* contienen unos polisacáridos denominados beta-glucanos con unos poderosos efectos estimulantes sobre el sistema inmunológico. Estas sustancias no se encuentran en las setas normales, por lo que vale la pena buscar estas variedades orientales, aunque sean desecadas, en supermercados y tiendas de comida china. Utilícelas en cualquier receta que requiera setas.

Tomates

Estas frutas han recibido un gran reconocimiento durante los últimos años por sus propiedades anticancerígenas. Son ricos en licopeno, un poderoso antioxidante cuya eficacia se cree superior a la de la vitamina A y el beta-caroteno.

Zanahorias

Como la mayoría de hortalizas de color naranja, las zanahorias son uno de los alimentos más ricos en beta-caroteno (el precursor de la vitamina A), uno de «los cinco guerreros» antioxidantes. Sin embargo, conviene destacar que la obsesión de tomar grandes cantidades de zumo de zanahoria para tratar el cáncer, especialmente el de mama, tiene un problema: una gran parte de los nutrientes esenciales se pierden al preparar el zumo, por no hablar de la fibra. Además de beber su zumo, es necesario consumir zanahorias crudas en abundancia.

Cítricos

Los cítricos y los arándanos agrios contienen bioflavonoides, que estimulan y aumentan el efecto antioxidante de la vitamina C.

Pimientos

Contienen capsaicina, de la que se cree que bloquea los compuestos procancerosos de las carnes y los pescados ahumados y curados. Los pimientos son además una fuente excelente de beta-caroteno, especialmente los rojos.

Semillas y pipas

La linaza, las pipas de calabaza y de girasol y el ajonjolí contienen lignanos, unos compuestos presentes en la cáscara de las semillas. Los lignanos son fitoestrógenos (es decir, imitan la hormona estrógeno) y pueden ayudar a reducir el exceso de estrógenos que circulan por el organismo, que pueden favorecer la formación de cánceres hormonales, como los de mama, ovarios y útero.

Se cree que una cucharada al día de una mezcla de estas semillas es beneficiosa. Mezcle las semillas con batidos (vea las recetas en las págs. 130-155), inclúyalas en ensaladas de fruta y en zumos de fruta con cereales. También puede añadirlas en ensaladas, sopas y guisos. La soja, el tofu, el miso y el tempeh son ricos en lignanos. Quizás sea éste uno de los motivos por los cuales los países asiáticos tienen una menor incidencia de cánceres de tipo hormonal.

Mejor crudo

Los beneficios de los alimentos crudos en la prevención del cáncer son muy importantes. Lo ideal sería que la mitad de los alimentos ingeridos diariamente fuesen crudos. Los zumos de frutas y verduras son excelentes, ya que contienen un nivel condensado de todos los nutrientes antioxidantes, pero deben complementarse con ensaladas y hortalizas crudas y frutas para eliminar las toxinas del tracto digestivo.

Alimentos ricos en beta-caroteno

Las frutas y hortalizas de la familia de las carotenoides son ricas en beta-caroteno, una parte esencial del grupo de nutrientes antioxidantes.

Los alimentos más ricos en beta-caroteno son las naranjas, los limones, los melones, los mangos, las papayas, los tomates, los pimientos rojos, amarillos y verdes, las zanahorias, la col rizada, el brécol, las judías tiernas, las espinacas, las berzas, la calabaza pastelera, los boniatos, los albaricoques y los melocotones.

Recetas

Todas las recetas son para cuatro personas, incluidos los batidos con tofu para el desayuno. Si es posible, compre las versiones biológicas de todos los ingredientes de las recetas.

Recetas para la buena salud del aparato digestivo

Todas las frutas y hortalizas crudas y frescas contienen enzimas digestivas que reducen la carga digestiva del organismo. Los zumos de alimentos crudos son especialmente beneficiosos. La cebolla, el ajo y el arroz tienen un efecto calmante sobre el aparato digestivo en general e, incluso en los trastornos más graves del aparato digestivo, cualquiera de estos tres alimentos tiene un efecto tonificante. La fibra que contienen la fruta, la verdura y los cereales integrales es importante para mantener un buen funcionamiento de los intestinos y evitar el estreñimiento.

BATIDO DE TOFU CON MANZANA Y PLÁTANO

Los plátanos y las manzanas contienen pectina, que ayuda a eliminar las toxinas y el exceso de colesterol del tracto digestivo. Asimismo, estimula la proliferación de bacterias beneficiosas en los intestinos, esenciales para mantener el equilibrio y evitar la multiplicación de bacterias perjudiciales como la *Candida albicans*.

Muchos trastornos digestivos son de tipo inflamatorio, por lo que las pipas de calabaza son una parte importante de esta bebida, ya que contienen ácidos grasos esenciales omega-3 en abundancia, que tienen un efecto antiinflamatorio en todo el organismo. También pueden emplearse pipas de girasol o semillas de ajonjolí.

Ingredientes
3 cucharaditas de pipas de calabaza
400 g de tofu biológico, colado y troceado
2 plátanos
2 manzanas medianas sin pelar, cortadas en cuartos y sin el corazón
1,5 l de leche de arroz o leche de avena

Preparación
Muela las semillas o las pipas en una picadora para que liberen los ácidos grasos esenciales y evitar la irritación del intestino. Añada los demás ingredientes y bátalos durante 1-2 minutos hasta que quede cremoso.

SOPA DE PIMIENTOS Y CHIRIVÍAS

Las chirivías mejoran la función intestinal y depuran y limpian el tracto digestivo. A causa de su sabor dulce, esta sopa es más adecuada para los amantes de las sopas cremosas y suaves que para quienes las prefieran más gustosas. Los pimientos contienen antioxidantes que ayudan a reducir los daños provocados por las infecciones bacterianas, además de ser unos excelentes depuradores intestinales.

Ingredientes
5 cucharadas soperas de aceite de oliva
1 cebolla mediana, pelada y troceada
560 g de chirivías, peladas y troceadas
2 pimientos rojos troceados, sin el corazón ni las semillas
1,1 l de caldo vegetal
½ cucharadita de nuez moscada molida

Preparación
Caliente el aceite en una sartén a fuego medio y añádale las cebollas. Rehóguelas durante 2 minutos. Agregue las chirivías y déjelo todo 5 minutos más, removiendo de vez en cuando. Añada los pimientos troceados y remuévalo todo durante un minuto. Vierta el caldo y espolvoree la nuez moscada. Déjelo cocer a fuego lento durante 15-20 minutos hasta que las chirivías se ablanden y páselo a una batidora. Bátalo hasta que quede cremoso y vuélvalo a calentar antes de servirlo.

SOPA DE CEBOLLA AUTÉNTICA

La cebolla es una de las hortalizas más calmantes para el sistema digestivo. Las cebollas alivian el dolor asociado a las úlceras gástricas y duodenales, y al cocerlas se les extrae su dulzor natural. Son unos antiespasmódicos, antisépticos y bactericidas naturales, por lo que deben tomarse a diario si se padecen problemas digestivos. El componente activo de la cebolla es la alicina, un compuesto antiinflamatorio que es más potente cuando se toma crudo. Sin embargo, esta sopa (sin queso añadido, que la haría demasiado pesada para las personas con problemas digestivos) tiene un tiempo de cocción mínimo para preservar este valioso ingrediente.

Para que la sopa sea más gustosa, puede añadirle 250 g de fideos de arroz, que deben verterse en la sopa después de añadirle la harina.

Ingredientes
450 g de cebolla, pelada, partida por la mitad y cortada transversalmente siguiendo los aros
3 cucharadas soperas de aceite de oliva
1,1 l de caldo vegetal
2 cucharaditas de salsa de soja o tamari
25 g de harina de trigo o de arroz

Preparación
Rehogue las cebollas durante 10 minutos, removiendo una o dos veces para que no se peguen ni se doren; deben quedar transparentes. Añada el caldo y la salsa de soja o el tamari. Remuévalo y déjelo cocer durante 15-20 minutos a fuego lento. Separe un cucharón de sopa y añádale la harina.

Mézclelo bien y vuelva a ponerlo en el puchero con la sopa. Remuévalo hasta que se espese ligeramente (unos 5 minutos más) y sírvalo.

REMOLACHAS AL HORNO

Las remolachas son excelentes para depurar el hígado. También limpian los intestinos tras los excesos de las vacaciones veraniegas o después de las comidas pesadas. Beber el zumo de la remolacha cruda es la forma más nutritiva de consumir estas fantásticas hortalizas, aunque para muchas personas su sabor es demasiado fuerte y sabe a tierra. Sin embargo, hemos comprobado que cociéndolas ligeramente al horno les extrae su dulzor natural sin destruir todos sus nutrientes.

Son deliciosas calientes para acompañar un plato de pollo o de aves de caza, o bien frías y en rodajas en una ensalada verde y aliñadas con aceite y una salsa balsámica.

Ingredientes
4 remolachas medianas
1 cucharada sopera de aceite de oliva
1 cucharadita de sal marina baja en sodio

Preparación
Limpie las remolachas (sin pelarlas) y quíteles las raíces y los tallos hasta 1,5 cm. Unte cada remolacha con aceite de oliva y colóquelas en una fuente para el horno. Espolvoree un poco de sal marina y póngalas en el horno a una temperatura de 175 °C durante 45-60 minutos, dependiendo del tamaño de las remolachas. Una vez cocidas, tienen que estar firmes, pero deben ceder un poco al presionarlas.

CHUNGA DE POLLO

«Chunga» es una palabra de origen caribeño que designa un cocido en el que puede añadirse casi de todo. Tradicionalmente, la mayoría de las chungas son de pescado. Sin embargo, el pollo siempre ha sido conocido por su efecto calmante sobre la digestión, ya que ayuda a disgregar el exceso de mucosidad del tracto digestivo. Es una rica fuente de proteína, por lo que es excelente durante una convalecencia. Las hortalizas contenidas en esta chunga son sólo una sugerencia. Experimente para ver qué combinación le gusta más. Sírvala con arroz integral.

Ingredientes
1 pollo mediano, cortado en cuartos y sin vísceras
El zumo de 2 limones
2 zanahorias medianas, peladas y cortadas en rodajas
100 g de champiñones
1 pimiento rojo mediano, sin corazón y sin pepitas y troceados
125 g de habichuelas dejadas en remojo durante una noche
1 tallo de apio troceado
3 cucharadas soperas de aceite de oliva
1 cucharada sopera de jengibre fresco, pelado y troceado
1 guindilla pequeña, sin semillas y picada (opcional)
1 cucharada sopera de harina de arroz
1 vaso de vino blanco
300 ml de caldo de pollo

Preparación
Saque la piel y la grasa de los cuartos de pollo. Colóquelos en un cazo con agua y el zumo de 2 limones. Déjelo cocer durante 1 hora. Mientras, prepare las verduras. Cueza en agua las habichuelas durante 45-50 minutos hasta que empiecen a ablandarse. Cuélelas y resérvelas. Rehogue las cebollas hasta que queden transparentes. Añada el jengibre y la guindilla, si desea utilizarla, las zanahorias, el apio y el pimiento verde. Remuévalo hasta que perciba su aroma. Retire las verduras de la cazuela y sepárelas. Retire el pollo del agua con limón y séquelo con papel de cocina. Saltee ligeramente el pollo en el aceite con el jengibre y la guindilla hasta que quede dorado, y luego retírelo. Agregue la harina de arroz al aceite, poco a poco, y mézclelo bien. Añada el vino blanco y remuévalo hasta que empiece a espesarse y el alcohol se haya evaporado. Vierta el caldo de pollo y déjelo calentar durante 5 minutos para que se espese un poco más antes de añadirle el pollo y las verduras. Finalmente, agregue los champiñones, remueva una vez más y colóquelo en el horno a 180 °C durante 1 hora y media.

LENGUADO CON ACEITE DE AJONJOLÍ

El lenguado es un pescado delicioso y ligero, muy fácil de digerir, disponible durante todo el año. Adquiera una pieza entera o pídale al pescadero que se lo prepare en filetes, ya que de este modo será más fresco. Cocinar el pescado al horno es la mejor forma de conservar sus beneficios nutritivos, puesto que puede cocinarse a una temperatura baja. El ajonjolí contiene ácidos grasos esenciales importantes, como antiinflamatorios, pero también puede ser irritante para el tracto digestivo si no está en buen estado. Utilizando el aceite, podemos beneficiarnos de estos ácidos grasos esenciales sin arriesgarnos a padecer ninguna molestia.

Ingredientes
- 2 cucharaditas de mostaza de Dijon
- 2 cucharadas soperas de salsa de tomate
- 60 ml de leche
- Pimienta negra molida

- 4 filetes de lenguado
- 1 cucharada sopera de aceite de oliva
- 4 cucharadas soperas de aceite de ajonjolí
- 1 cucharada sopera de harina de arroz

Preparación Mezcle la mostaza de Dijon, la salsa de tomate y la leche. Alíñelo con pimienta negra al gusto. Coloque los filetes de lenguado en una fuente para horno y viértales encima la salsa de leche. Cúbralo con papel de aluminio y póngalo en el horno a 175 °C durante 25-30 minutos, hasta que el pescado quede cocido por dentro. Sáquelo, colóquelo en una fuente caliente y tápelo. Vierta la mezcla de leche de la fuente en un cazo pequeño y déjela cocer a fuego lento. Añádale el aceite de ajonjolí y la harina de arroz hasta formar una pasta y remuévala bien hasta que se espese.

Vierta la salsa sobre los filetes de lenguado y sírvalo.

SALSA DE AGUACATE Y ALCACHOFA

Los aguacates son ricos en vitamina E, que posee unas grandes cualidades calmantes y curativas para los trastornos digestivos. Son ricos también en vitaminas y minerales y tienen un elevado contenido proteico, lo que los hace ideales para tomar a la hora del almuerzo. Combinados con corazones de alcachofa, que estimulan la proliferación de bacterias beneficiosas en el intestino, y aceite de oliva, esta salsa es un plato suave pero rico. Puede servirlo con hortalizas crudas o con panecillos de avena.

Ingredientes
- 2 aguacates grandes y maduros
- 6 corazones medianos de alcachofa en aceite de oliva (frescos o envasados)
- 2 cucharaditas de salsa de soja o tamari
- El zumo de 2 limones
- Pimienta negra molida

Preparación Corte los aguacates por la mitad, sáqueles los huesos y extráigales la pulpa. Corte los corazones de alcachofa en cuartos, reservando algunas hojas para la guarnición. Bata bien los aguacates, los corazones de alcachofa, el aceite de oliva, la salsa de soja y el zumo de limón. Espolvoree la salsa con pimienta negra al gusto.

ENSALADA DE QUESO FRESCO Y MIJO CON PIÑA Y NARANJA

Se trata de un plato ideal para la cena fácil de preparar y lleno de nutrientes esenciales. El queso fresco es una excelente forma de proteína baja en grasas, mientras que la piña contiene bromelina, una enzima digestiva, con lo que se reduce la carga que sufre un sistema digestivo saturado. El mijo es una rica fuente de fibra para regular la función intestinal y sus propiedades alérgenas son bajas. Además, es muy alcalino, por lo que es ideal para el entorno intestinal y resulta favorable para las bacterias beneficiosas que deben vivir en esa zona. Por último, las naranjas son ricas en vitamina C, un importante antioxidante.

Ingredientes

8 cucharadas soperas de aceite de oliva
250 g de mijo
750 ml de caldo vegetal
2 cucharadas soperas de zumo de limón
100 g de queso fresco

2 tallos de apio, pelados y cortados
en rodajas finas
2 piñas frescas troceadas
1 naranja pelada y cortada en gajos
2 cucharadas soperas de cebollinos

Preparación

Caliente ligeramente 2 cucharadas de aceite de oliva en una cazuela y añada el mijo. Remuévalo hasta que el grano empiece a «estallar». Añada el caldo vegetal y déjelo cocer durante 20 minutos. Cuele el mijo, extiéndalo en una fuente para horno y déjelo enfriar. Mientras, remueva bien el aceite de oliva restante y el zumo de limón para formar una vinagreta y viértalo sobre el mijo. Déjelo reposar durante 10 minutos para que se absorban los sabores. Añada el queso fresco, el apio, la piña, los gajos de naranja y los cebollinos al mijo y mézclelo bien. Sírvalo bien frío.

BONIATOS CON CENTENO

Los boniatos son muy nutritivos y fáciles de digerir. Contienen unos excelentes niveles de vitaminas C, E y beta-caroteno, unos antioxidantes esenciales para limpiar las toxinas provocadas por una mala digestión o por infecciones bacterianas. Son conocidos por sus propiedades calmantes en las inflamaciones del tracto digestivo y las úlceras.

Es un plato delicioso para tomar frío y puede servirse como almuerzo con un yogur natural como complemento proteico, o simplemente acompañado por una ensalada para preparar una comida más ligera.

Ingredientes

3 boniatos grandes, pelados y troceados
1 hoja de laurel
2 cucharadas soperas de aceite de oliva
Pimienta negra al gusto

2 cucharaditas de nuez moscada
200 g de panecillos frescos de centeno
1 cucharada sopera de perejil picado

Preparación

Cueza a fuego lento los boniatos en agua con una hoja de laurel hasta que empiecen a ablandarse. Cuélelos, vuélvalos a poner en el cazo y añada el aceite de oliva y pimienta negra al gusto. Agregue la nuez moscada y bátalo hasta que quede suave. Coloque la mezcla en un recipiente de cerámica. Caliente el resto de aceite en una cazuela y dore ligeramente los panecillos de centeno. Añada el perejil troceado y mézclelo bien. Coloque los panecillos encima de los boniatos y póngalos al horno a 180 °C durante 30-40 minutos o hasta que se doren.

CREMA DE CEREZAS

Las cerezas son un atiespasmódico natural y pueden tener un efecto calmante para las personas que padecen una irritación intestinal. Los bioflavonoides y la vitamina C que contienen estimulan la curación del colágeno de las paredes intestinales. Pueden utilizarse cerezas frescas o envasadas, ya que, al contrario de muchas otras frutas, no pierden sus nutrientes en el proceso de envasado. El yogur biológico contiene *acidophillus*, una de las principales bacterias beneficiosas del tracto intestinal. Esta crema se prepara en un par de minutos y es ideal tanto para una fiesta infantil como para una cena formal.

Ingredientes
450 m de cerezas, frescas o envasadas (sin azúcar)
500 g de yogur natural biológico
Varias hojas de menta fresca como guarnición

Preparación
Quite los huesos de las cerezas. Bátalas con el yogur y una hoja de menta hasta que quede cremosa. Déjela en la nevera 1 hora antes de servirlo. Sírvala en copas de postre y decórela con hojas de menta.

INFUSIÓN DE JENGIBRE Y MENTA

El jengibre posee cualidades antiespasmódicas y ayuda a aliviar las náuseas. También se emplea contra los mareos matinales de las mujeres embarazadas. Esta infusión suave y calmante le ayudará a asentar el estómago cuando las molestias digestivas le impidan comer, además de aliviar los retortijones y la indigestión que producen los alimentos grasos. La menta se utiliza en los hospitales por sus poderosos efectos calmantes, que reducen los gases y las molestias asociadas tras una intervención quirúrgica de la zona abdominal. Puede preparar una buena cantidad y conservarla en la nevera durante 2 días.

Ingredientes
450 g de raíz de jengibre fresca, pelada y cortada en rodajas finas
6 hojas de menta lavadas en agua
1,1 l de agua mineral sin gas hervida

Preparación
Coloque el jengibre en rodajas y la menta en un recipiente resistente al calor y añada el agua hirviendo. Déjela reposar durante al menos 15 minutos antes de servirla.

Recetas para ayudar al sistema inmunológico

Los estimulantes como el té, el café y el alcohol, las drogas y los fármacos, así como la contaminación, favorecen la producción de radicales libres. Un sistema inmunológico fuerte combate las enfermedades a diario, siempre que esté bien alimentado. Los nutrientes antioxidantes, como las vitaminas A, C, E y los minerales selenio y zinc se encuentran en abundancia en la fruta y las hortalizas frescas, el pescado, los cereales integrales, los frutos secos y las semillas.

BATIDO DE TOFU CON FRUTAS DEL BOSQUE

Recomendamos estos batidos a casi todos nuestros pacientes, ya que llenan y ofrecen una proporción adecuada entre proteínas, carbohidratos y grasas. Las fresas son una de las fuentes más ricas de vitamina C, al igual que las grosellas negras y las frambuesas. También contienen bioflavonoides que, conjuntamente con la vitamina C, estimulan el sistema inmunológico. Sin embargo, la potencia de la vitamina C disminuye con la exposición a la luz, al calor y al aire, por lo que el batido debe tomarse antes de que pase media hora desde su preparación. Las pipas de calabaza y de girasol contienen los ácidos grasos esenciales necesarios para la integridad de las membranas celulares, permitiendo que los nutrientes penetren y las toxinas salgan al exterior. Asimismo, contribuyen de forma importante al funcionamiento óptimo del sistema inmunológico.

Ingredientes
3 cucharadas soperas de pipas de girasol
1 ½ cucharada sopera de pipas de calabaza
500 g de fresas, frambuesas o grosellas negras, o bien una combinación de las tres, preferiblemente frescas
400 g de tofu biológico, colado y cortado en dados
1,5 l de leche de arroz o de avena

Preparación
Pique la pipas de calabaza y las de girasol durante 30 segundos. Añada el tofu, las fresas, las frambuesas o las grosellas negras y la leche de arroz o de avena. Mézclelo hasta que quede cremoso y sírvalo inmediatamente.

SOPA DE MANZANA Y MIJO

El mijo biológico es rico en los minerales zinc, selenio y manganeso, todos ellos necesarios para la buena salud del sistema inmunológico. Si lo deja en remojo durante una noche favorecerá que sus enzimas naturales activen el proceso digestivo en su organismo, facilitando la disgregación y la absorción de los alimentos, además de ser una excelente fuente de fibra.

Ingredientes
250 g de copos de mijo biológico
500 ml de zumo de manzana sin azúcar
100 ml de leche de arroz o de avena

Preparación
Deje los copos de mijo en remojo durante una noche en el zumo de manzana. Al día siguiente, caliéntelo a fuego lento en un cazo durante 8-10 minutos, añadiendo la leche de arroz o de avena, si desea la sopa más líquida.

POTAJE DE VERDURAS

Las sopas son un plato excelente y pueden tomarse como tentempié, como aperitivo o constituir por sí mismas una comida. Los autores defendemos que se preparen sopas a menudo, ya que son rápidas y fáciles de preparar y muy nutritivas. Las verduras empleadas en este potaje son ricas en nutrientes antioxidantes como el beta-caroteno y la vitamina C, y el maíz contiene una gran cantidad de zinc, uno de «los cinco guerreros» antioxidantes.

Ingredientes

2 cucharaditas de aceite de oliva extra virgen
1 cucharada sopera de mantequilla
2 cebollas peladas y troceadas
1 tallo de apio lavado y troceado
175 g de zanahorias peladas y cortadas
  en rodajas
225 g de calabaza de invierno troceada
175 g de patatas peladas y cortadas en dados
2 tomates pelados y troceados

175 g de brécol con los tallos pelados
100 g de maíz (enlatado o desgranado
  de la mazorca)
1 l de caldo vegetal
125 ml de yogur desnatado sin azúcar,
  o de leche de soja
Un puñado de hojas de albahaca frescas
  picadas

Preparación

Caliente a fuego lento la mantequilla y el aceite en una cazuela y añada la cebolla. Rehóguela durante unos 5 minutos hasta que se vuelva transparente. Añada el apio, la zanahoria, la calabaza y las patatas. Déjelo durante 5 minutos, removiendo a menudo para evitar que se doren. Añada el caldo vegetal, tape la cazuela y déjelo cocer durante 10 minutos a fuego lento hasta que las verduras empiecen a ablandarse. Añada el brécol, el maíz y los tomates y déjelo durante 5 minutos más. Retírelo del fuego hasta que se enfríe ligeramente y viértalo u una batidora. Bátalo durante menos de 1 minuto para espesar la sopa, pero sin que pierda el colorido. Añada las hojas de albahaca y sírvalo con tostadas de pan de centeno o de maíz de Arizona (véase pág. 147).

COL SALTEADA CON HINOJO

La col estimula el sistema inmunológico por su elevado contenido en vitaminas C y E, dos buenos nutrientes antioxidantes. También tiene unas notables propiedades antivíricas, bactericidas y antimucosas, por lo que es ideal contra los resfriados y la gripe, cocida al vapor o en forma de zumo extraído de la planta cruda. Aquí se combina con semillas de hinojo, que también son ricas en vitamina C.

Ingredientes

1 cucharada sopera de aceite de oliva extra
  virgen
2 dientes de ajo pelados y machacados
2 chalotes pelados y picados

1 cucharada sopera de semillas de hinojo
275 g de repollo crespo troceado, u otro tipo
  de col de color verde oscuro.

Preparación

En una sartén grande, caliente el aceite de oliva durante un minuto y añada el ajo, los chalotes y las semillas de hinojo. Rehóguelo durante 2-3 minutos hasta que el ajo y los chalotes se ablanden. Añada el repollo y remuévalo constantemente durante 2 minutos hasta que se empiece a ablandar.

Sírvalo para acompañar platos de pescado, pollo o aves de caza.

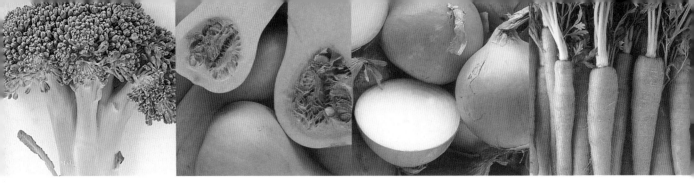

TABBOULEH CON ALGAS

El trigo búlgaro es rico en minerales, incluidos el zinc y el selenio, con un poderoso efecto antioxidante. El tabbouleh tiene un sabor limpio y refrescante, y los tomates, el pepino y las cebollas contienen vitamina C, que protege contra las infecciones. Sin embargo, las algas le dan un sabor totalmente distinto y aumentan los niveles de selenio para fortalecer el sistema inmunológico.

Es un acompañamiento perfecto para un plato de pescado o puede servirse solo para constituir una comida ligera. Este plato debe tomarse recién hecho, de modo que no lo prepare con mucha antelación, ya que perderá su sabor aunque lo guarde en la nevera.

Ingredientes

225 g de trigo búlgaro
4 cebollas verdes peladas y picadas
1 pepino mediano con piel, lavado y cortado en dados
2 tomates verdes lavados y sin las semillas, cortados en dados y pelados
1 pimiento verde grande lavado, sin semillas y cortado en dados
50 g de perejil picado
25 g de algas del tipo *kombu*, de venta en hipermercados

o bien 50 g de algas frescas troceadas, que pueden adquirirse en la pescadería
1 rama de menta fresca picada
3 cucharadas soperas de aceite de oliva
3 cucharadas soperas de zumo de limón fresco
½ cucharadita de comino molido
Pimienta negra molida al gusto

Preparación

Deje en remojo el trigo búlgaro en 600 ml de agua fría durante 30 minutos. Cuélelo, presionando para eliminar la humedad y resérvelo. Ponga en remojo las algas *kombu* (si las emplea) en un bol de agua tibia hasta que se rehidraten. Agregue el trigo búlgaro con el perejil, la menta y el *kombu* u otro tipo de algas y luego añádale todas las verduras. Añada el aceite de oliva, el zumo de limón, el comino y, por último, pimienta negra al gusto y mézclelo todo bien con la ensalada. Añada un poco más de zumo de limón si quiere darle más sabor.

ENSALADA DE PIMIENTOS

Los pimientos de esta ensalada llena de color son ricos en vitamina C y beta-caroteno. Además, el ajonjolí aporta un buen nivel de selenio, por lo que este plato ofrece un gran número de estimulantes del sistema inmunológico y antioxidantes. Es una ensalada perfecta para un almuerzo ligero que puede prepararse fácilmente con antelación.

Ingredientes

1 pimiento amarillo mediano
1 pimiento rojo mediano
1 pimiento de color naranja mediano
2 cucharaditas de ajonjolí
3 cucharadas soperas de aceite de oliva extra virgen
1 ½ cucharaditas de vinagre balsámico.
Hojas de albahaca fresca

Preparación Lave los pimientos y úntelos con, aproximadamente, un tercio del aceite de oliva. Colóquelos en una fuente y póngalos en el horno a 180 °C durante 30-35 minutos o hasta que las pieles empiecen a encogerse, sin llegar a ennegrecerse. Sáquelos del horno y colóquelos en una bolsa de plástico durante 25 minutos para que sean más fáciles de pelar. Una vez pelados, córtelos por la mitad, retire los corazones y las semillas y córtelos en tiras largas y finas. Mezcle el aceite de oliva, el vinagre balsámico y un poco de pimienta negra molida en un cazo pequeño. Viértalo sobre los pimientos y remúevalo todo bien. Colóquelo en una ensaladera y espolvoree el ajonjolí. Decore esta ensalada con unas hojas de albahaca fresca.

SOPA DE GAMBAS CON JENGIBRE Y FIDEOS DE ARROZ

Las gambas son ricas en zinc y selenio, que fortalecen el sistema inmunológico. El zinc es, además, esencial para la curación y la regeneración de los tejidos. Las zanahorias contienen una gran cantidad de beta-caroteno (vitamina A) que, como antioxidante, es un importante nutriente de «los cinco guerreros» que combate los radicales libres.

Ingredientes
750 ml de caldo vegetal
2 cucharaditas de jengibre fresco en rodajas
1 cebolla roja pelada y picada
1 puerro mediano lavado, pelado y picado
1 zanahoria grande pelada y picada

1 cucharadita de aceite de guindilla
800 g de gambas frescas y peladas
50 g de fideos de arroz
3 cucharaditas de salsa de soja
Hojas frescas de coriandro como guarnición

Preparación Caliente ligeramente el caldo y la salsa de soja en una cazuela y añada el jengibre, la cebolla, el puerro y la zanahoria. Déjelo a fuego lento durante 10 minutos. En una sartén, saltee ligeramente las gambas en aceite de guindilla durante 1 minuto. Añádalas al caldo vegetal, junto con los fideos de arroz. Déjelo cocer durante 3 minutos y sírvalo en platos hondos. Para terminar, aderécelo con coriandro.

RISOTTO DE CALABAZA DE INVIERNO

El *risotto* es fácil de preparar y constituye un plato sabroso y nutritivo, para acompañar a otras comidas o para tomar solo. La calabaza de invierno (en inglés, *butternut squash*) es rica en beta-caroteno y vitamina C, que estimula el sistema inmunológico, mientras que el arroz contiene una gran cantidad de vitaminas del complejo B, necesarias para la producción de energía. Las cebollas tienen propiedades antivíricas y bactericidas.

Ingredientes
1 cucharada sopera de aceite de oliva
25 g de mantequilla sin sal
100 g de cebollas, peladas y picadas
400 g de arroz Arborio para *risotto* o arroz integral

250 ml de caldo vegetal
120 ml de vino blanco seco
250 g de calabaza de invierno pelada, sin semillas y troceada

Preparación   Caliente la mantequilla y el aceite en una sartén. Rehogue la cebolla picada durante unos 2-3 minutos hasta que quede transparente. Añada el arroz y remuévalo hasta que quede bien mezclado con el resto de ingredientes, o hasta que oiga que el arroz empieza a hacer «clic». Mientras tanto, caliente el caldo vegetal en otro recipiente y añada un vaso de este caldo al arroz, removiendo continuamente para que el arroz no se pegue en la sartén. Añádale el vino y espere a que el arroz lo absorba totalmente antes de añadirle el resto de caldo, poco a poco, hasta que se haya absorbido por completo (reserve un vaso de caldo para verterlo después de la calabaza). Cuando esté espeso y cremoso y el arroz aún esté *al dente,* añada la calabaza al *risotto,* dejando que se cueza y se deshaga ligeramente. Debería tardar unos 4-5 minutos. Apague el fogón, añada el último cucharón de caldo y remuévalo bien. Déjelo reposar durante 2-3 minutos y luego sírvalo caliente en platos soperos o boles. Añada un poco de queso parmesano fresco y pimienta negra molida en abundancia.

BERENJENAS AL HORNO CON TOMATE Y ROMERO

Las berenjenas son ricas en beta-caroteno y los tomates contienen licopeno, otro de los carotenoides (como el beta-caroteno) que han demostrado tener un poderoso efecto estimulante sobre el sistema inmunológico. Las berenjenas tienen tendencia a absorber una gran cantidad de aceite de oliva, lo que puede hacer este plato algo pesado sino se siguen los pasos iniciales de la receta.

Este plato es perfecto como comida ligera o para acompañar al pescado o las aves. También puede añadirse un poco de queso feta gratinado.

Ingredientes   **1 berenjena mediana, pelada y cortada en rodajas**
1 ½ cucharada sopera de aceite de oliva extra virgen
2 tomates medianos cortados en rodajas
Pimienta negra molida
2 cucharadas soperas de albahaca fresca picada

Preparación   Cueza ligeramente al vapor la berenjena durante 4-5 minutos. Colóquela en una fuente para horno en la que se haya vertido la mitad del aceite. Unte cada porción de berenjena con un poco del aceite restante y coloque una rodaja de tomate sobre cada una. Añádale pimienta negra recién molida y albahaca picada. Gratine la berenjena en el horno a temperatura media durante 5-6 minutos o hasta que los tomates se ablanden.

PASTEL DE TORTILLAS

Hace mucho tiempo que las espinacas son reconocidas por su elevado contenido en nutrientes. Son ricas en beta-caroteno y vitamina C. Es importante que sean muy frescas, ya que estas vitaminas esenciales disminuyen rápidamente con el tiempo. Las patatas de esta receta son otra fuente de vitamina C, además de contener varios minerales beneficiosos para el sistema inmunológico (véanse págs. 85-86). Además, los huevos aportan proteínas, por lo que éste es un plato perfectamente equilibrado para tomar como almuerzo. Puede prepararse por adelantado y guardarse en la nevera hasta que sea necesario.

Ingredientes
450 g de espinacas frescas
340 g de patatas cortadas en dados
1 cebolla mediana pelada y picada

1 cucharada sopera de aceite de oliva
425 ml de salsa de tomate
6 huevos

Preparación
Cueza las espinacas en un poco de agua hasta que se ablanden. Hierva las patatas durante 6-8 minutos hasta que se ablanden sin deshacerse. Cuélelas y resérvelas. Saltee la cebolla en el aceite de oliva hasta que quede transparente. Añada la mitad del tomate y déjelo a fuego lento durante 3-4 minutos. Bata los huevos y sepárelos en dos mitades. Mezcle la mitad de los huevos batidos con las espinacas y la otra mitad con las patatas. Coloque las espinacas en una sartén caliente y déjelas a fuego medio durante 2-3 minutos hasta que la masa pueda separarse de la sartén. Coloque la sartén bajo el gratinador y espere a que la tortilla suba ligeramente. Sáquela del gratinador y póngala en un plato. Repita la operación con la mezcla de patatas y huevos. Esparza la mitad del sofrito sobre la tortilla de espinacas y cúbrala con la de patatas, como si hiciese un bocadillo. Finalmente, cúbralo con el tomate restante y sírvalo.

GRANIZADO DE MELOCOTÓN

Este granizado es un sorbete sin azúcar añadido. Casi toda la fruta contiene de por sí azúcar en abundancia, por lo que no es necesario añadirle más. El azúcar reduce de forma directa el funcionamiento de parte del sistema inmunológico hasta cinco horas después de su consumo, por lo que eliminar el azúcar de nuestra dieta constituye un estímulo inmediato para éste y para nuestra salud general. Los melocotones son ricos en vitamina C y beta-caroteno, además de ser una buena fuente de fibra.

Ingredientes
4 melocotones maduros grandes pelados
    y cortados en gajos.
2 cucharadas soperas de zumo de limón
    o de lima
200 ml de agua

3 anises estrellados
1 rama de canela
Fresas o frambuesas frescas
    como guarnición

Preparación
Caliente el agua en un cazo hasta que esté a punto de hervir y apague el fogón. Deje el anís estrellado y la canela en el agua durante 1 hora para que ésta coja su sabor. Retírelos del agua. Bata los gajos de melocotón con 2 cucharadas de agua hasta que la mezcla sea cremosa. Añada el zumo de lima y vuélvalo a batir. Coloque la mezcla en un recipiente de plástico para helados y congélelo hasta que se endurezca (4-5 horas). Sáquelo del congelador y sírvalo con unas cuantas fresas o frambuesas frescas.

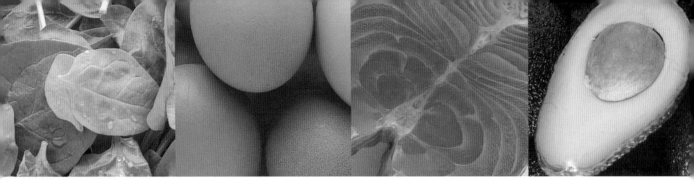

Recetas contra la inflamación

Los ácidos grasos esenciales del grupo omega-3, que se hallan presentes en los frutos secos, las semillas y el pescado azul, contienen algunos poderosos compuestos antiinflamatorios. Sin embrago, varias frutas y hortalizas de la familia de las solanáceas, como los tomates, las patatas, las berenjenas, el calabacín y el tabaco, tienen un efecto contrario y contribuyen al dolor y la inflamación asociados a trastornos como la artritis reumatoide. Los radicales libres son un producto residual inevitable de la inflamación y pueden reducirse tomando alimentos ricos en antioxidantes, como las frutas y hortalizas de color rojo, amarillo y naranja, las semillas, los frutos secos y los cereales integrales.

BATIDO DE TOFU Y COCO

Si tuviese que pasar una semana en una isla desierta y no tuviese nada que comer, ¡podría sobrevivir sólo a base de cocos! Su contenido en vitaminas, minerales y grasas esenciales es excelente, aunque hemos de tener en cuenta que el 85 por ciento de estas grasas son saturadas, y la leche de coco es rica en magnesio, potasio, zinc y vitamina C. Los ácidos grasos esenciales antiinflamatorios que contiene esta fantástica fruta son abundantes, siempre que no se caliente.

Ingredientes
400 g de tofu biológico
1,8 l de leche de arroz o de avena
240 g de crema de coco sin azúcar

Preparación
Bata todos los ingredientes. Si lo desea, puede añadirle menos leche de arroz o de avena para conseguir un batido más espeso y ponerlo en copas de postre con una pizca de nuez moscada para obtener un postre delicioso.

ENSALADA DE SALMÓN, AGUACATE Y NARANJA

Marinar el pescado crudo en frutos cítricos tiene el efecto de «cocinarlo». La reacción química que se produce al cabo de unas horas altera su textura. Éste es un plato excelente para cualquier persona a quien le disguste el pescado crudo, pero necesite obtener los beneficios que aporta su consumo. El salmón es rico en los antiinflamatorios ácidos grasos esenciales omega-3, que pueden reducirse por un exceso de calor. El zumo de las naranjas contiene vitamina C, que evita que estas grasas esenciales se oxiden y queden dañadas. Los aguacates son ricos en vitaminas C, E y beta-caroteno, que protegen a nuestro organismo del daño potencial que produce la inflamación de los intestinos, los músculos y las articulaciones.

Ingredientes
500 g de salmón fresco en filetes
El zumo de 4 limas
2 naranjas grandes, peladas y cortadas
4 cebollas verdes
150 g de berro, oruga o espinaca pequeña
2 aguacates medianos maduros, pelados
    y cortados en cuartos

Para la salsa
El jugo en el que se han marinado los filetes
    de salmón
4 cucharadas soperas de aceite de oliva
    extra virgen
Raspaduras de la piel de las naranjas
1 diente de ajo machacado
1 cucharadita de mostaza de Dijon
Pimienta negra molida

Preparación   Coloque los filetes de salmón en un plato hondo y vierta sobre ellos el zumo de lima. Tápelo y déjelo en la nevera durante 6 horas o toda una noche. Raspe la piel de las naranjas y reserve la raspadura para la salsa. Saque el corazón de las naranjas, sepárelas en gajos y corte cada gajo por la mitad. Lave las hojas del berro, la oruga o la espinaca y escúrralas.

Para preparar la salsa, mezcle el jugo en el que se ha marinado el salmón, que habrá adquirido un color blanquecino, con el aceite de oliva, la raspadura de naranja, el ajo y la mostaza en un bote con tapadera. Agítelo bien hasta que todos los ingredientes estén bien mezclados. Añada pimienta negra al gusto.

Disponga las hojas de la ensalada en una fuente con los filetes de salmón, cubriéndolos con los cuartos de aguacate y de naranja y, para finalizar, agregue la salsa.

ATÚN CON SALSA DE LIMA Y JENGIBRE

El atún es una de las mejores fuentes de ácidos grasos esenciales omega-3, con propiedades antiinflamatorias, y contiene selenio, zinc y otros minerales que ayudan a la curación y a la reparación de los tejidos. El jengibre es una de las mejores raíces para mejorar el estado de los tejidos y tiene propiedades antiinflamatorias y calmantes para todo el organismo, ya que reduce la producción de histamina. En muchas ocasiones, los trastornos inflamatorios afectan a todo el organismo, por lo que es más que recomendable incluir jengibre en muchos de nuestros platos. Aunque sea picante, este plato principal no supone ningún problema para el aparato digestivo, ya que la cúrcuma contiene curcuminoides, unos compuestos antiinflamatorios.

Sírvalo con hortalizas verdes frescas y ligeramente cocidas al vapor.

Ingredientes
85 g de coriandro fresco
3 cucharadas soperas de jengibre fresco, pelado y cortado en rodajas
2 dientes de ajo

3 cucharadas soperas de zumo de lima
1 cucharada sopera de aceite de oliva
2 cucharaditas de cúrcuma
4 filetes de atún (de 175 g cada uno)

Preparación   Bata el coriandro, el jengibre y el ajo para hacer una pasta, añadiendo agua si es necesario. Agregue a la pasta el zumo de lima, el aceite de oliva y la cúrcuma y removuévala bien. Coloque los filetes de atún en una fuente para horno y cúbralos con la salsa. Tápelo y póngalo en el horno durante 15-20 minutos a 180 °C hasta que el atún esté en su punto.

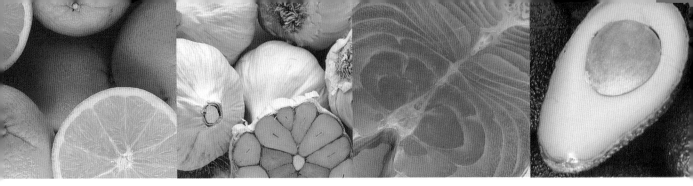

PATÉ DE SARDINA

Este paté de fácil preparación es rico en aceites que ayudan a reducir la inflamación, además de contener proteínas que nos aportarán energía a lo largo del día. Todo el pescado azul es rico en vitamina E, uno de los nutrientes que ayudan a la curación de los tejidos dañados por la inflamación.

Sírvalo como un delicioso tentempié sobre panecillos de avena o centeno o bien divídalo en cuatro partes y sírvalo como aderezo en una ensalada verde para preparar un almuerzo ligero.

Ingredientes
1 cebolla roja pequeña picada
120 g de sardinas enlatadas en aceite de oliva
1 diente de ajo pelado y machacado
1 cucharada sopera de vinagre de vino blanco
1 cucharada sopera de perejil picado
Pimienta negra molida

Preparación
Bata todos los ingredientes hasta que queden bien mezclados, pero sin llegar a formar una crema. Añada un poco de zumo de limón si es necesario y aderécelo con pimienta negra molida al gusto.

PECHUGAS DE POLLO REBOZADAS CON *TAHINI*

El *tahini* se fabrica a base de ajonjolí molido y aceite de oliva, aunque a veces se le añade ajo. Lo puede adquirir en hipermercados y tiendas de dietética. Su rico contenido en ácidos grasos esenciales omega-3 es importante para reducir la inflamación. Sin embargo, sus aceites se vuelven rancios al exponerse a la luz, al aire y al calor, por lo que es importante conservarlo en la nevera una vez abierto.

Sírvalo con arroz blanco Thai o con arroz integral biológico.

Ingredientes
4 pechugas de pollo sin piel, preferiblemente biológico
El zumo de 2 limones

4 cucharadas soperas de *tahini* biológico
8 hojas grandes de espinaca
300 mg de caldo vegetal o de pollo

Preparación
Unte las pechugas de pollo con el zumo de limón (es un truco asiático para eliminar las bacterias), y cubra cada una de ellas con el *tahini*. Envuelva cada pechuga con 2 hojas de espinaca, cubriéndolas totalmente para que no se derrame el *tahini*. Asegúrese de que no se abran con uno o dos palitos de cóctel. Colóquelas con cuidado en una fuente para horno y vierta encima el caldo vegetal o de pollo. Tápelo bien y póngalo en el horno a 180 °C durante 35-40 minutos. Luego retírelo del horno y sírvalo en un plato. Añada caldo en el recipiente en el que ha horneado el pollo, remuévalo bien con el *tahini* que haya podido derramarse y viértalo sobre las pechugas antes de servirlas.

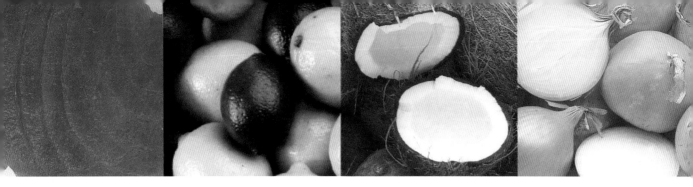

ENSALADA DE BERRO, NUECES Y ALFALFA

Los brotes de alfalfa son una rica fuente de proteínas y se consideran un alimento perfecto, ya que contienen calcio, magnesio y vitaminas A y E en abundancia. También poseen unas excelentes cualidades antiinflamatorias, pero no deben tomarlos quienes padezcan trastornos autoinmunológicos como el lupus. Las nueces son muy ricas en la antioxidante vitamina C, ideal para reparar los tejidos dañados.

Ingredientes

2 manojos de berro bien lavados
100 g de nueces con cáscara
1 cucharada sopera de aceite de nuez

2 cucharaditas de vinagre balsámico
1 cucharadita de vinagre de vino blanco
25 g de alfalfa lavada en agua

Preparación

Separe los tallos del berro y corte los brotes secos. Rompa las nueces, comprobando que se encuentran en buen estado. Ponga el aceite de nuez y los vinagres en un bote con tapadera y agítelo con fuerza para que se mezclen sus sabores. Viértalo sobre el berro y la alfalfa. Remuévalo ligeramente, agregue varias nueces sobre cada plato y sírvalo.

ENSALADA DE FRUTAS CON PAPAYA, PIÑA Y ARÁNDANOS AGRIOS

Casi todas las frutas son alcalinas, lo que significa que son beneficiosas para cualquier tipo de inflamación que tienda a hacer aumentar el nivel de acidez del organismo. La piña contiene bromelina, que bloquea las prostaglandinas proinflamatorias, y la papaya ayuda a reducir la inflamación gastrointestinal, además de ser rica en el antioxidante beta-caroteno. Los arándanos agrios son probablemente los más alcalinos de todas las frutas, por lo que ayudan a reducir la inflamación de los riñones y la vesícula biliar. Esta ensalada llena de color es muy vistosa, pero no le añada los arándanos hasta el momento de servirla para evitar que su jugo se mezcle con los demás.

Ingredientes

1 naranja
225 g de arándanos agrios lavados
1 piña mediana
2 papayas medianas, maduras pero firmes, cortadas por la mitad, peladas y sin semillas
El zumo de 1 limón
225 g de yogur biológico o de soja

Preparación

Exprima una naranja. Vierta su zumo sobre los arándanos agrios en un cazo pequeño y manténgalo a fuego lento durante 15-20 minutos hasta que se ablanden. Mientras tanto, corte la parte superior de la piña y sepárela. Como utilizaremos la piña para servir el postre, vacíela sacando con cuidado la pulpa, sin dañar la corteza, y trocéela, desechando la parte dura del corazón. A continuación, corte la papaya en trozos del mismo tamaño que los de la piña y mézclelos con cuidado. Cuando los arándanos agrios se hayan enfriado, añádalos a las otras frutas y vierta sobre ellas el yogur. Rellene con las frutas la piña vaciada y sírvala.

Recetas para el corazón y la circulación

Las frutas y las bayas de color rojo oscuro contienen proantocianidinas, unos compuestos que fortalecen la estructura de los diminutos capilares y de los vasos sanguíneos más grandes del organismo. El pescado azul contiene ácidos grasos esenciales del grupo omega-3, que reducen la acumulación de placas de colesterol en las arterias y favorecen el buen funcionamiento del corazón, mientras que los cereales integrales aportan la fibra necesaria para eliminar el exceso de colesterol del tracto digestivo.

BATIDO DE TOFU PÚRPURA

Este batido ofrece una buena proporción entre las proteínas y los carbohidratos y las grasas. Si le sobra puede guardarse en la nevera y beberse a lo largo del día. Los arándanos contienen flavonoides, conocidos por sus propiedades depurativas para la sangre y las arterias, mientras que los plátanos son ricos en potasio y magnesio, importantes para regular la función cardíaca. Las pipas de girasol contienen ácidos grasos esenciales para proteger las membranas arteriales, reducen la acumulación de colesterol y son una buena fuente de fibra. El tofu tiene propiedades fitoestrógenas que regulan el exceso de estrógenos, que pueden favorecer la acumulación de la placa arterial.

Ingredientes

2 plátanos medianos
200 g de arándanos frescos o envasados
400 g de tofu, escurrido y cortado en dados

1,5 l de leche de arroz o de avena
3 cucharadas soperas de pipas de girasol

Preparación

Bata todos los ingredientes hasta que obtenga una pasta cremosa y sírvalo en copas altas.
Si quiere guardarlo para más tarde, cúbralo para que los plátanos no se oscurezcan y consérvelo en la nevera.

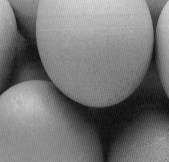

PAN DE MAÍZ DE ARIZONA

Se trata de un pan no fermentado, con la consistencia de un bizcocho duro, distinto del pan al que estamos habituados. El maíz es una excelente fuente de fibra y es esencial para eliminar el colesterol del tracto digestivo. Además, supone una deliciosa alternativa al trigo. Es rico en hierro, que fomenta la buena salud de los glóbulos rojos, y en magnesio, que favorece el buen funcionamiento del corazón. Este pan no lleva ningún conservante, por lo que debe guardarse en un recipiente hermético en la nevera.

Es delicioso como desayuno con un poco de yogur natural biológico por encima, o bien con huevos pochos o revueltos.

Ingredientes

2 huevos
500 ml de leche de arroz o de avena
2 cucharaditas de levadura

225 g de harina de maíz amarillo
120 g de harina de lentejas
75 g de aceite de girasol

Preparación

Caliente el horno a 190 °C y unte con aceite una fuente para horno de 20 x 20 x 5 cm. En un bol mediano, bata los huevos hasta que estén espumosos. Añádales la leche de arroz o de avena y la levadura. Siga batiendo e incorpore la harina de maíz y de lentejas hasta crear una pasta sin grumos y con burbujas de aire en el interior (es mejor hacerlo a mano). Agregue esta mezcla al recipiente untado y déjelo en el horno durante 20-30 minutos, o hasta que tras pincharlo con un cuchillo éste salga limpio. Sáquelo del recipiente y sírvalo caliente o frío.

ENSALADA DE GARBANZOS, PIMIENTOS Y PIÑONES CON CREMA DE ALBAHACA

Los garbanzos son una fuente excelente de fibra, que ayuda a reducir el colesterol, y son también ricos en calcio y magnesio, que regulan la presión sanguínea. Los pimientos rojos son una fuente abundante de beta-caroteno, que protege las arterias de las lesiones producidas por los radicales libres. Las proteínas vegetales de este plato contienen una gran cantidad de aminoácidos esenciales que favorecen el control del nivel de azúcar en sangre y aportan energía.

Ingredientes

300 g de garbanzos cocidos o envasados
1 pimiento verde sin corazón y cortado
en juliana
El jugo de 1 tomate sin semillas
2 cebollas verdes cortadas en juliana
2 cucharadas soperas de suero lácteo, leche
de avena o de arroz
1 cucharada sopera de zumo y pulpa de limón

1 cucharada sopera de vinagre de vino blanco
1 cucharada sopera de aceite de oliva
1 diente de ajo pelado y picado
1 cucharada sopera de piñones
2 cucharadas soperas de hojas de albahaca
fresca
Varias hojas grandes de lechuga
o de achicoria para servirlo

Preparación

En un bol mediano, mezcle los garbanzos, el pimiento, el tomate y las cebollas verdes. Bata el suero lácteo (o la leche de arroz o de avena), junto con la pulpa y el zumo de limón, el vinagre, el aceite y el ajo hasta que se espese. Añada las hojas de albahaca y vuelva a batirlo. Vierta esta salsa en el bol de los garbanzos, remuévalo bien y agréguela sobre las hojas de lechuga. Esparza los piñones antes de servirlo. Este plato es excelente como aperitivo o almuerzo.

TORTAS DE ALFORFÓN

El alforfón no es propiamente un trigo, ya que forma parte de la familia del ruibarbo. Es conocido por sus propiedades de reducción del colesterol y contiene además muchos minerales, incluidos el calcio y el magnesio, necesarios para el buen funcionamiento de la circulación y el corazón.

Estas tortas pueden prepararse y luego guardarse con un papel secante o de cocina entre cada una para evitar que se peguen entre ellas. Guárdelas en la nevera hasta que las necesite.

Ingredientes

125 g de harina de alforfón
125 g de harina de trigo integral
2 cucharaditas de levadura
2 huevos

275 ml de leche de arroz o de avena
1 cucharada sopera de aceite de girasol
Un poco de aceite de oliva

Preparación

Mezcle las harinas y la levadura en un cuenco. Bata los huevos. Agregue la harina, la leche y el aceite y bata la mezcla. Deje reposar la masa durante 30 minutos. Caliente una sartén a fuego medio y úntela con un poco de aceite de oliva.

Usando un cucharón de masa cada vez, extienda la masa en la sartén para que quede una torta lo más delgada posible. Déjela durante 1 minuto antes de darle la vuelta para hacerla por el otro lado.

Sírvalas con las frutas frescas que prefiera y con un poco de yogur biológico natural para conseguir un almuerzo perfectamente equilibrado.

SOPA DE ZANAHORIA CON ESPINACAS Y LENTEJAS

Las zanahorias son conocidas por sus nutrientes antioxidantes, el beta-caroteno y la vitamina C, necesarios para evitar la acumulación de placa arterial producida por los radicales libres. Las espinacas son también una buena fuente de ambos nutrientes, y contienen además hierro, que ayuda a transportar el oxígeno en los glóbulos rojos. Las lentejas aportan proteínas a la sopa, haciéndola más sustanciosa. Además, contienen una elevada proporción de fibra y reducen el nivel de colesterol.

Ingredientes

450 g de zanahorias peladas y cortadas en rodajas
1 chirivía pequeña, pelada y troceada
1 cebolla pequeña, pelada y cortada en cuartos
1 tallo de apio cortado en rodajas

850 ml de caldo vegetal
125 g de lentejas verdes o rojas
½ cucharadita de nuez moscada
100 g de espinacas frescas bien lavadas en agua y sin los tallos más grandes

Preparación

Cueza a fuego lento durante 35 minutos las lentejas, todas las verduras (excepto las espinacas) y la nuez moscada, hasta que las lentejas se ablanden. Retírelo del fuego y déjelo enfriar un poco. Vierta la sopa en una batidora y bátala hasta que desaparezcan los grumos. Añádale las espinacas y vuelva a batirla. Caliente la sopa de nuevo y sírvala en platos hondos.

ENSALADA DE ALCACHOFA Y LIMÓN

Las alcachofas contienen calcio y magnesio, necesarios para el funcionamiento equilibrado del corazón, para la depuración del hígado y para favorecer la función de la bilis, ayudando así a la eliminación del colesterol. Los limones son muy ricos en vitamina C, especialmente en la piel y el corazón, por lo que ayudan a evitar la acumulación de la placa arterial.

Ingredientes

- **4 limones biológicos bien lavados**
- **6 alcachofas pequeñas o 4 grandes, sin los tallos ni las hojas exteriores**
- **2 cucharadas soperas de vinagre de vino blanco**
- **150 g de almendras ligeramente tostadas**
- **El zumo de 2 limones**
- **125 ml de aceite de oliva**
- **2 cucharadas soperas de hojas de tomillo fresco**

Preparación

Lave los limones, póngalos en un cazo pequeño y cúbralos con agua. Tápelos y cuézalos con el fogón al máximo durante 30 minutos. Escúrralos y déjelos enfriar. Ponga las alcachofas en una cazuela y cúbralas con agua, añadiendo el vinagre de vino blanco. Cuézalas durante 20-30 minutos, según su tamaño. Cuando estén listas, las hojas se desprenderán fácilmente. Retire las hojas exteriores, si son duras, y los tallos. Corte las alcachofas por la mitad y extraiga la zona vellosa del corazón.

Coloque las mitades de alcachofa en una ensaladera grande. Mientras tanto, corte los limones hervidos por la mitad, retirándoles la pulpa. Trocee las pieles de limón y añádalas a las alcachofas. Espolvoree por encima las almendras y alíñelo con aceite de oliva, zumo de limón y tomillo.

SOPA MARINERA

Los pescados empleados en esta receta son ricos en ácidos grasos esenciales, necesarios para mantener una buena salud arterial, reducir las grasas «malas» del tipo LDL (véase pág. 110) y mejorar de forma general los niveles de colesterol. El pescado debe ser la principal fuente de proteínas en cualquier programa dietético para el tratamiento del corazón. El ajo es un poderoso depurativo de la sangre, mientras que los tomates contienen licopeno, un antioxidante beneficioso.

Ingredientes

- **900 g de filetes frescos de bacalao, barbada, halibut o salmón**
- **1 cucharada sopera de aceite de oliva**
- **200 g de cebolla troceada**
- **1 diente de ajo pelado y machacado**
- **900 g de salsa de tomate natural (o 900 g de tomate enlatado)**
- **850 ml de agua**
- **1 cucharadita de albahaca fresca**
- **1 cucharadita de tomillo fresco**
- **1 cucharadita de pimiento rojo machacado**
- **800 g de calabaza común o de invierno, pelada, sin semillas y cortada en pedazos**
- **2 mazorcas de maíz dulce, sin las hojas exteriores**

Preparación

Corte el pescado en cubos de 2,5 cm. Caliente a fuego lento el aceite de oliva en una cazuela. Añada la cebolla y el ajo y rehóguelos hasta que se vuelvan transparentes. Añada los tomates, el agua, la albahaca, el tomillo, el pimiento rojo, la calabaza y el maíz. Tape el recipiente, hágalo hervir y cuézalo a fuego lento durante 10-15 minutos o hasta que la calabaza y el maíz estén cocidos. Sírvalo acompañado de pan de centeno o de maíz.

CABALLA AL HORNO CON SALSA DE LIMÓN Y NARANJA

La caballa es una de las mejores fuentes de ácidos grasos esenciales omega-3, necesarios para la salud arterial y para reducir el nivel de colesterol. También es rica en vitamina E, un nutriente que fluidifica la sangre, además de tener un notable efecto antioxidante. La caballa es barata y está disponible en muchas zonas. Resulta deliciosa cuando se equilibra con esta salsa de cítricos. Además, los limones y las naranjas aportan una gran cantidad de vitamina C para la protección de los vasos sanguíneos.

Ingredientes

1 chalote pequeño, pelado y picado
Aceite de oliva
La piel de ½ naranja
2 cucharadas soperas de piel de limón
El zumo de 1 limón y 1 naranja
100 ml de caldo de pescado
1 patata pequeña, hervida y troceada

4 filetes de caballa fresca, de 120 g
aproximadamente cada uno, sin huesos,
pero con la piel
1 cucharada de cebollinos picados
4 ramilletes de albahaca o de hojas de menta
50 g de yogur natural biológico

Preparación

Caliente el chalote troceado en aceite de oliva, a fuego medio. Añada las pieles y el zumo de limón y naranja juntamente con el caldo y la patata. Caliéntelo a fuego lento durante 10-15 minutos para que se mezclen los sabores. Ponga los filetes de caballa en una fuente de horno y añádale una tercera parte del caldo de pescado. Métalo en el horno a 190 °C y déjelo durante 10-12 minutos. Mientras tanto, ponga el caldo restante en una batidora y bátalo hasta que quede cremoso. Debería tener una consistencia ligera. Vuelva a verter el líquido en el cazo y añádale el yogur. Caliéntelo con cuidado. Retire la caballa del horno y colóquela en un plato. Viértale encima la salsa y adórnelo con hojas de toronjil o de menta. Sírvalo con arroz integral y la verdura que más le apetezca.

MOUSSE HELADA DE MANGO

El mango es una de las frutas más ricas en beta-caroteno, un nutriente importante para mantener la salud arterial, que ofrece además un efecto protector antioxidante. ¡Esta mousse es fácil de preparar, saludable y deliciosa! Puede hacerla con antelación y guardarla en la nevera entre 2 y 3 días.

Ingredientes

2 mangos maduros, pelados y a trozos
1 plátano pequeño sin cáscara
3 cubitos de infusión de menta congelada
75 g de yogur natural biológico

Preparación

Bata todos los ingredientes hasta obtener una mousse cremosa. Sírvala en platos de postre y adórnelos con un brote de menta. Esta mousse puede también usarse para un batido, sin la infusión de menta y sustituyendo el yogur por tofu.

Recetas para ayudar a prevenir el cáncer

Actualmente está comprobado que los alimentos pueden intervenir en la prevención y en el desarrollo de algunos tipos de cáncer. Los fitoestrógenos, presentes en la soja, las semillas y las hortalizas, pueden ayudar a regular la predominancia de los estrógenos, uno de los factores que contribuyen al desarrollo de cánceres de tipo hormonal. Los nutrientes antioxidantes, presentes en las frutas y hortalizas de color rojo, amarillo y naranja, en las algas, en los cereales integrales y en las semillas, pueden limitar la producción excesiva de radicales libres, asociada al desarrollo de muchos cánceres. Nadie afirma que los alimentos curen el cáncer, pero se cree que tomar entre cinco y siete raciones de frutas y hortalizas frescas al día reduce la incidencia per cápita del cáncer.

BATIDO DE TOFU NARANJA

Recomendamos estos batidos a casi todos nuestros pacientes, ya que llenan y ofrecen una proporción adecuada entre proteínas, carbohidratos y grasas, por lo que son una forma perfecta de empezar el día. Si desea guardar una ración para otro momento, ponga la cantidad que le sobre en un recipiente y guárdelo en la nevera para tomarlo cuando necesite una inyección de energía. El tofu y la linaza tienen propiedades anticancerígenas por su contenido en fitoestrógenos, que se cree que evitan el desarrollo de determinados cánceres hormonales. La papaya, el melocotón y el albaricoque son ricos en beta-caroteno, el principal antioxidante. Puede emplear una combinación de las frutas que se indican o sólo una fruta cada vez, en cuyo caso le recomendamos que aumente la cantidad según sea necesario. Si no encuentra estas frutas frescas, puede emplearlas enlatadas, aunque no son tan beneficiosas, y debe asegurarse de que no contengan azúcar. Utilice el almíbar de las latas además de las frutas. Necesitará aproximadamente media lata de fruta por persona.

Ingredientes
400 g de tofu
1,5 l de arroz de leche sin azúcar
3 cucharadas soperas de linaza
4 albaricoques frescos o 4 desecados,
   dejados en remojo durante una noche
   en zumo de manzana

1 papaya pelada, sin semillas y troceada
1 mango pelado, sin hueso y troceado

Preparación
Bata todos los ingredientes hasta que obtenga un batido bien cremoso. Puede guardarlo en la nevera durante 24 horas.

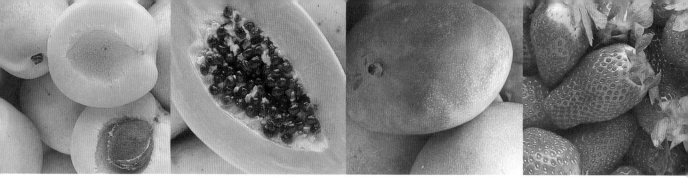

ZUMO PARA EL DESAYUNO

El zumo de fruta fresca es una excelente fuente de vitaminas antioxidantes. Esta receta ayuda a prevenir el cáncer por su alto contenido en vitamina C. Sin embargo, los nutrientes que contiene se digieren muy rápidamente y pueden perturbar el equilibrio del azúcar en sangre, por lo que deben acompañarse con alguna fuente proteica, como un yogur sin azúcar, huevos o un vaso pequeño de batido de tofu naranja (véase pág. 151). Estos zumos son perfectos para tomar cuando necesitamos algo que nos dé energía, pero no tenemos hambre.

La sandía es muy rica en vitamina C, al igual que las fresas. Siempre es mejor usar fruta fresca del tiempo.

Ingredientes   1,1 – 1,3 kg de sandía
450 g de fresas

Preparación   Bata la sandía y las fresas. Tómese el zumo inmediatamente, ya que este preparado no puede conservarse.

SOPA NARANJA

Esta receta contiene zanahorias y calabazas, ambas ricas en beta-caroteno y en antioxidantes, sustancias importantes para la prevención del cáncer. El jengibre le da un toque de sabor, además de constituir un depurativo excelente con un efecto calmante sobre el tracto digestivo.

Para obtener una sopa más consistente y sustanciosa, puede añadirle 50 g de arroz rojo macrobiótico, rico en vitaminas del complejo B, zinc y selenio, que dará a la receta un mayor poder antioxidante.

Ingredientes

2 cucharadas soperas de aceite de oliva
1 cebolla mediana, pelada y troceada
1 hoja de laurel
2 cucharaditas de salsa de soja o tamari
25 g de raíz fresca de jengibre, lavada
    y con la superficie raspada

450 g de calabaza normal o pastelera,
    sin cáscara y cortada en dados
450 g de zanahorias, peladas y troceadas
1 l de agua

Preparación   Caliente el aceite de oliva en una sartén. Añádale la cebolla y rehóguela a fuego lento durante 3-4 minutos hasta que quede transparente. Añada los demás ingredientes y cuézalo todo a fuego lento durante 30-35 minutos hasta que las hortalizas se ablanden. Retire la hoja de laurel y bata todas las hortalizas hasta que quede cremoso. Agréguele pimienta negra al gusto.

SOPA DE VERDURAS

Tomar alimentos crudos o poco cocidos es esencial para fortalecer el sistema inmunológico y para favorecer el funcionamiento óptimo del organismo. Los alimentos crudos contienen muchas enzimas que ayudan a la digestión y reducen el trabajo que tiene que realizar el aparato digestivo, especialmente cuando se encuentra debilitado. Cualquier presión excesiva que tenga que soportar el aparato digestivo puede ser pro-cancerosa a largo plazo. Las células cancerosas se replican más rápidamente en un medio ácido; es por ello que se aconseja mantener una ligera alcalinidad en el organismo de forma permanente para reducir este riesgo. Todas las hortalizas que contiene esta sopa tienen un elevado contenido en potasio, esencial para mantener el equilibrio entre el sodio y el potasio necesario para conseguir un estado alcalino. También es una excelente forma de tomar una gran cantidad de hortalizas antioxidantes.

Ingredientes

2 tomates grandes troceados
2 zanahorias troceadas
2 tallos de apio troceados
½ coliflor pequeña troceada
½ cucharadita de pimienta negra

2 cucharadas soperas de perejil o coriandro triturado
1 l de leche biológica de soja o de caldo vegetal
Aceite de oliva o mantequilla
2 cebollas pequeñas picadas

Preparación

Bata todas las verduras, excepto las cebollas, con la leche de soja hasta que no queden grumos. Puede que tenga que hacerlo en dos veces, según la capacidad de su batidora. Caliente ligeramente el aceite o la mantequilla en una sartén y rehogue la cebolla a fuego lento hasta que quede blanda y transparente. Añáda la cebolla a las hortalizas batidas y cuézalo todo a fuego lento durante 10 minutos para que se caliente de manera uniforme.

ENSALADA DE ESPÁRRAGOS Y ESPINACAS CON SALSA DE LIMA

Los espárragos contienen beta-caroteno y vitamina C, y las espinacas pertenecen a la familia de las *brassicas*, ricas en nutrientes que previenen el cáncer. Las pipas de girasol son ricas en ácidos grasos esenciales omega-3 y omega-6, necesarios para mantener la integridad de las células y para una buena replicación celular, por lo que reducen el riesgo de formación del cáncer.

Ingredientes

10 espárragos tiernos pelados
2 cucharadas soperas de salsa de soja o tamari
750 g de espinaca pequeña lavada con agua
150 g de pipas de girasol

Para la salsa
El zumo de 2 limas
2 cucharadas soperas de aceite de oliva extra virgen
1 cucharadita de mostaza en grano
Pimienta negra molida

Preparación

Exprima la lima y vierta el jugo en un cuenco pequeño. Ponga la pulpa y la cáscara en un recipiente para cocinar al vapor con unos 500 ml de agua en la base. Añádale los espárragos y cuézalo al vapor durante 10 minutos (los espárragos cogerán el sabor de la lima). Sáquelo del fuego y pase los espárragos por agua fría para evitar que se cuezan más y conserven el color verde brillante. Mezcle las pipas de girasol con el tamari y déjelo reposar durante 5-10 minutos para que las pipas absorban la salsa. Vierta la salsa sobre las espinacas removiéndolo todo. Coloque los espárragos sobre las hojas de espinaca y espolvoree las pipas por encima.

SALTEADO TAILANDÉS DE BRÉCOL CON SETAS

El brécol se considera uno de los alimentos más importantes para la prevención del cáncer por sus notables propiedades antioxidantes. Pertenece a la familia de las *brassicas*, integrada por verduras ricas en indoles (compuestos específicos que supuestamente evitan la replicación de las células potencialmente cancerosas). Es aconsejable incluir esta hortaliza en nuestra dieta tomándola varias veces a la semana. Las setas del tipo *shiitake* poseen propiedades anticancerígenas. Se consumen habitualmente en los países asiáticos, donde los índices de los cánceres más comunes son más bajos que en el mundo occidental.

Ingredientes

50 g de setas del tipo *shiitake*, frescas
   o secas
2 cucharadas soperas de aceite de oliva
3 dientes de ajo picados
175 g de brécol (separando las flores de los
   tallos) con los tallos cortados en tiras finas
450 g de tofu escurrido y cortado en dados

240 g de pollo
2 cucharadas soperas de salsa de soja ligera
4 cucharadas soperas de caldo vegetal
1 tomate pelado y troceado
1 cucharadita de harina de maíz
Un trozo de 1,5 cm de jengibre fresco, pelado
   y cortado en tiras finas

Preparación

Si utiliza las setas secas, córtelas por la mitad y déjelas en remojo durante 30 minutos en un vaso con agua caliente para que se rehidraten. Si las ha conseguido frescas, límpielas (aunque sin mojarlas) y córtelas por la mitad. Caliente ligeramente el aceite en un *wok* o en una sartén y saltee el ajo, el jengibre y el pollo. Déjelo en el fuego durante 1 minuto y añada las setas (escúrralas si las ha tenido en remojo) y los tallos y las flores de brécol. Rehóguelo durante otro minuto, removiéndolo. Añada luego el tofu, la salsa de soja, el caldo vegetal y el tomate. Mézclelo todo y luego añada la harina de maíz para espesarlo. Remuévalo durante un minuto con cuidado, para que no se deshaga el tofu. Sírvalo inmediatamente.

TRUCHA RELLENA CON CÍTRICOS Y ALMENDRAS

La trucha es una rica fuente de ácidos esenciales omega-3, al igual que las almendras. Todos los cítricos son ricos en vitamina C, uno de los nutrientes antioxidantes que componen «los cinco guerreros».

Ingredientes

4 truchas normales o salmonadas (limpias
   y sin las vísceras), de unos 225 g cada una
1 diente de ajo pelado y machacado
2 chalotes pelados y cortados en dados
   pequeños
1 cucharada sopera de perejil fresco triturado
2 cucharadas soperas de vino de arroz
   o de vino blanco seco
El zumo de 1 naranja o de 2 limones

Para el relleno
60 g de panecillos integrales
La cáscara rallada de ½ naranja o limón
1 tallo pequeño de apio troceado
½ manzana pelada, sin el corazón y cortada
   en trocitos
1 cucharadita de romero seco
1 cucharada sopera de yogur natural
   desnatado

Preparación Limpie el pescado con agua (poniéndolo bajo el grifo) y séquelo con papel de cocina. Mezcle todos los ingredientes del relleno y llene el interior del pescado desde la cabeza hasta la cola. Coloque el pescado en una fuente para hornearlo. Mezcle el zumo de naranja o limón con el vino de arroz o el vino blanco seco, los chalotes, el perejil y el ajo y viértalo todo sobre el pescado. Tápelo y póngalo al horno a 180 °C durante 25 minutos.

Sírvalo acompañado de arroz integral o de grano largo y de verduras al vapor como brécol, guisantes o espinacas.

PEZ ESPADA O HALIBUT CON SALSA DE PIMIENTOS ROJOS

Estos dos tipos de pescado contienen unos excelentes ácidos grasos esenciales del grupo omega-3, que supuestamente protegen las membranas celulares de posibles lesiones, lo que constituye un aspecto importante para la prevención del cáncer. Si tiene problemas para encontrar estos pescados, puede utilizar bacalao o barbada, aunque éstos suelen tener un sabor menos intenso. Los pimientos rojos son muy ricos en beta-caroteno y vitamina C, que actúan como antioxidantes.

Ingredientes

4 filetes de pez espada o halibut, o del pescado que usted prefiera

Para la salsa de pimientos rojos:
3 cucharadas soperas de aceite de oliva
3 pimientos rojos grandes

4 dientes de ajo, pelados y machacados
1 cebolla mediana, pelada y cortada en rodajas
1 ½ cucharadas soperas de vinagre balsámico
45 g de mantequilla

Preparación Unte los pimientos con el aceite de oliva y póngalos en el horno a 180 °C durante 25 minutos hasta que se ablanden. Luego métalos en una bolsa de plástico y déjelos reposar durante 20 minutos, ya que de este modo le será más fácil pelarlos. Corte los pimientos y sáqueles la piel y las semillas. Bata las cebollas, el ajo y el aceite de oliva hasta que quede cremoso. Añádale lentamente el vinagre balsámico (de otro modo, la salsa se cortará) hasta que quede bien mezclado. Ponga la salsa en un cazo y caliéntela bien mientras cocina el pescado.

Para cocinar el pescado, úntelo por ambos lados con un poco de aceite de oliva y póngalo en la parrilla durante 8-10 minutos por cada lado (dependiendo del tamaño y el grosor del pescado). Para saber si ya está hecho, clávele un cuchillo: si el cuchillo sale limpio, es que el pescado ya está a punto.

Este plato es delicioso acompañado con una sencilla ensalada verde variada.

glosario

Absorción Proceso por el que los nutrientes pasan del tracto intestinal hacia la sangre y hasta las células del organismo.

Ácido clorhídrico Ácido segregado en el estómago para descomponer las proteínas.

Ácidos grasos esenciales Sustancias que el organismo no puede producir y debe obtener de la dieta.

ADN Ácido desoxirribonucleico; código genético presente en el núcleo de todas las células del organismo que determina sus características y funciones específicas en el cuerpo.

Agente patógeno Microorganismo que provoca una enfermedad, como por ejemplo un parásito.

Alérgeno Sustancia (ingerida o aspirada) que provoca una reacción alérgica.

Aminoácido Producto resultante de la descomposición de las proteínas. El organismo requiere ocho aminoácidos esenciales para autorepararse. Sólo pueden obtenerse de la dieta, ya que el organismo no es capaz de producirlos.

Análisis de pelo Prueba no invasiva consistente en extraer una pequeña cantidad de pelo de la nuca para analizar los minerales y las posibles sustancias tóxicas que contenga.

Anemia Trastorno producido por una carencia de glóbulos rojos o por unos niveles de hemoglobina demasiado bajos (normalmente como resultado de un déficit de hierro).

Anemia (perniciosa) Anemia provocada por un déficit de vitamina B12.

Angina de pecho Dolor crónico en el pecho e incapacidad de respirar como consecuencia de un estrechamiento de las arterias que llegan al corazón.

Antiácido Medicamento para reducir el nivel de ácido en el estómago.

Antibiótico Fármaco que destruye las infecciones bacterianas.

Anticuerpo Parte del sistema inmunológico que neutraliza los agentes patógenos invasores.

Antígeno Invasor del organismo que provoca una reacción de los anticuerpos.

Antihistamínico Compuesto farmacológico o natural que previene o suprime la secreción de histamina.

Antioxidante Nutriente que retarda el proceso de oxidación causado por la acción de los radicales libres.

Arritmia cardíaca Latido irregular del corazón.

Arteria Vaso sanguíneo que lleva la sangre desde el corazón hacia otras partes del organismo.

Arteriosclerosis Engrosamiento de las paredes de las arterias que restringe el flujo sanguíneo.

Aterosclerosis Formación de placa en la pared interna de las arterias, provocada por una acumulación de colesterol y de otros lípidos o residuos.

Bacteria Germen microscópico. Algunas son perjudiciales y otras son beneficiosas.

Benigno Aplicado a las células no cancerosas.

Beta-caroteno Precursor de la vitamina A. Es un poderoso antioxidante.

Bilis Secreción del hígado que ayuda a descomponer las grasas en el tracto digestivo.

Bioflavonoides Compuestos que se encuentran justo debajo de la piel de las frutas y que ayudan a absorber la vitamina C.

Cancerígeno Cualquier agente que provoque cáncer.

Candidiasis Infección producida por el hongo *Candida albicans*.

Carbohidratos complejos Contienen fibra insoluble en su estructura, que retarda la digestión.

Carbohidratos simples Alimentos procesados ricos en azúcares simples que se descomponen rápidamente en glucosa.

Célula T Célula inmunológica responsable de atacar a los agentes patógenos invasores.

Coenzima Molécula que requiere una enzima para desempeñar su función en el organismo. Es necesaria para la utilización de los nutrientes.

Colesterol Lípido natural fabricado por el organismo; interviene en la producción de hormonas.

Crucíferas Familia de hortalizas con propiedades anticancerígenas, como el brécol, la col y la coliflor.

Desintoxicación Proceso por el que se eliminan las sustancias tóxicas del organismo.

Diurético Cualquier sustancia que promueve la micción, aumentando así la eliminación y la desintoxicación.

Enfermedad autoinmunológica Se produce cuando el organismo reacciona contra sus propios tejidos. Algunos ejemplos son la artritis reumatoide, la esclerosis múltiple, el lupus sistémico y la diabetes insulino-dependiente.

Enzimas Proteínas que intervienen en todas las reacciones del organismo.

Factor intrínseco Compuesto producido en el estómago, necesario para la absorción de la vitamina B12.

Fagocitosis Proceso por el cual las células inmunológicas engullen las células invasoras para destruirlas.

Flora intestinal Bacterias beneficiosas que habitan en el tracto intestinal.

Ganglios (o nodos) linfáticos Zonas en las que la linfa acumula los productos víricos, bacterianos y de desecho para que sean filtrados y engullidos por el sistema inmunológico.

Gas Ventosidad producida por un trastorno parasitario o bacteriano en el tracto digestivo.

Gastritis Inflamación de la pared interna del estómago.

Gastroenteritis Inflamación del estómago y los intestinos.

Gastrointestinal Referido a todas las partes del tracto digestivo.

Genético Referido a las características heredadas individualmente.

Glándula Órgano que fabrica sustancias que no son necesarias para su propia actividad metabólica.

Glándulas endocrinas Glándulas que segregan hormonas para controlar determinadas funciones del organismo, como los ovarios y los testículos.

Grasas poliinsaturadas Grasas derivadas de hortalizas y semillas, como los aceites de linaza, girasol y cártamo. Estos aceites no deben calentarse.

Grasas saturadas Grasas derivadas de productos animales. Son potencialmente dañinas si se sobrecalientan, y en cantidades excesivas producen obesidad y arteriosclerosis.

Hemoglobina Parte del glóbulo rojo que transporta el oxígeno. Precisa hierro para su formación.

Hepatitis Inflamación del hígado.

Hiperalergénico Muy susceptible de producir una reacción alérgica.

Hipertensión Presión sanguínea elevada.

Hipoalergénico Que produce una reacción alérgica mínima o nula.

Hipotensión Presión sanguínea baja.

Histamina Sustancia segregada por los tejidos del organismo que provoca una reacción en los tejidos musculares lisos, como la constricción de los conductos nasales y bronquiales en la fiebre del heno, o bien erupciones cutáneas.

Hongo Organismos caracterizados por su falta de clorofila y cualidades parasitarias, como el *Candida albicans* que habita en el tracto digestivo.

Hormona Sustancia esencial producida por las glándulas endocrinas que regulan las funciones del organismo.

Infección Enfermedad causada por la invasión de bacterias, virus u hongos.

Inmunodeficiencia Reducción de la función inmunológica.

Inmunoterapia Técnica empleada para estimular la función inmunológica.

Insomnio Incapacidad para dormir.

Insulina Hormona producida por el páncreas para regular el metabolismo de la glucosa.

Interferón Proteína producida por el sistema inmunológico para combatir los virus y para proteger las células no infectadas.

Leucemia Cáncer que provoca una sobreproducción de glóbulos blancos.

Levadura Tipo de hongos. Algunas pueden ser responsables de determinadas afecciones en cualquier conducto del cuerpo que esté abierto al exterior, como la boca, la vagina o los oídos.

Linfa Líquido de color claro que fluye a través de los vasos linfáticos, paralelos al sistema arterial. Tiene un importante papel en la recolección de los desechos

y las materias residuales para su eliminación, además de transportar los nutrientes a los tejidos.

Linfocito Tipo de glóbulo blanco que forma parte del sistema inmunológico.

Lípido Molécula caracterizada por ser insoluble en el agua.

Lipoproteína Proteína enlazada con un lípido. Ayuda al transporte de las grasas a través de los sistemas arterial y linfático.

Macrobiótica Práctica dietética consistente en la eliminación de todos los productos de origen animal, que aporta un elevado índice de alcalinidad por su contenido vegetal.

Malabsorción Falta de absorción de los nutrientes del tracto intestinal hacia la sangre.

Maligno Que contiene células cancerosas.

Melanoma Tumor maligno que tiene su origen en las células de pigmentación de la piel.

Membrana mucosa Revestimiento de cualquier conducto que tenga una obertura hacia el exterior del cuerpo, como las orejas, la nariz, la boca, el ano y la vagina.

Menopausia Descenso del ritmo de producción de las hormonas que regulan la menstruación, que desemboca en el cese de la misma.

Metabolismo Conjunto de las miles reacciones químicas que se producen en el organismo.

Naturopatía Práctica curativa en la que se emplean hierbas, tónicos y una correcta postura corporal para que el organismo pueda autosanarse.

Neurotransmisor Sustancia que transporta mensajes de una neurona a otra.

Nutrientes Sustancias vitales que necesitan los seres vivos para sobrevivir.

Oncogenes Genes que les supone la capacidad de alterar las características de una célula.

Osteoporosis Debilitamiento de los huesos provocado por un deterioro del tejido óseo.

Oxidación Reacción química que resulta de la exposición al oxígeno y que puede, en ocasiones, ser dañina.

Parásito Organismo que vive a expensas de otro organismo o huésped.

Peróxidos Radicales libres resultantes de la reacción entre las grasas y el oxígeno.

Prostaglandina Sustancia parecida a las hormonas, que puede provocar o prevenir la inflamación.

Proteína Compuesto complejo formado por nitrógeno, que es esencial para todos los seres vivos. Es necesario para el crecimiento y la reparación de los tejidos. En el organismo se descompone en aminoácidos.

Quimioterapia Tratamiento contra el cáncer en el que se emplean sustancias químicas para matar las células cancerosas.

Radical libre Estructura altamente reactiva, caracterizada por presentar electrones desaparecidos, que provoca un desequilibrio de electrones en las reacciones químicas del organismo. Se producen de forma natural en el organismo como producto de desecho, como parte del producto final del metabolismo, y también se encuentran en los aceites que se han calentado en exceso y en los alimentos fritos, etc. Son muy perjudiciales.

Serotonina Neurotransmisor presente en las células nerviosas, necesario para la relajación, el sueño y la concentración.

Síndrome Serie de síntomas y signos que aparecen juntos con razonable uniformidad.

Sistema inmunológico Sistema de protección del organismo frente a los agentes patógenos invasores.

Suero Parte integrante de la sangre, de color claro, que transporta los glóbulos blancos y rojos.

Toxicidad Envenenamiento producido por un exceso de toxinas y por la incapacidad del organismo para eliminarlas eficazmente.

Vellosidad intestinal Cada una de las minúsculas proyecciones filiformes que recubren la pared interna del intestino y se encargan de absorber los nutrientes.

Virus Parásito microscópico que infecta células huésped. Puede provocar enfermedades graves, y no se ve afectado por los antibióticos.

Vitamina Nutriente esencial que el organismo no puede producir por sí mismo y debe obtener de la dieta.

índice de términos